KB205329

순례자가 순례자에게

(주)죠이북스는 그리스도를 대신한 사신으로
문서를 통한 지상 명령 성취와 하나님 나라 확장을 위해 노력합니다.

순례자가 순례자에게

순례자가
순례자에게

참된 자유를 누리는 영성으로의 초대

청 킴 지음 | 김동화 옮김

죠이북스　*omf*

사랑하는 아내 그레이스에게 이 책을 바친다.
그레이스는 내 인생의 완벽한 동반자이고,
순례길을 함께한 나그네이다.
길을 가는 동안 당신은 나의 집이었소.

용기를 갖고 질문하고 고뇌해 온 분들,
그리고 믿음의 여정에서 곁에 아무도 없이
혼자라고 생각해 온 분들에게도
이 책을 바친다.

차
례

추천사

○

청 킴은 너그러우면서도 꾸밈없이 하나님과 자신, 그리고 다른 사람들을 알아 가고 사랑하면서 그가 걸어온 평생의 여정을 우리에게 보여 줍니다. 그는 신학자들과 예술가들의 도전적인 글을 인용하면서 자신의 이야기를 엮어 내었습니다. 때로는 불편할 수도 있지만 모두에게 꼭 필요한 메시지입니다. 우리가 참을성을 가지고 만들어 가야할 공간, 즉 양편 모두를 수용해야 하는 삶의 역설적인 현실을 위한 공간을 펼쳐 줍니다. 그는 이 공간 안에서 보편적인 원리들과 오래전부터 실천해 온 것들을 배우면서 우리가 각자 자신만의 독특한 순례 여정을 가도록 안내하며 격려합니다.

청 킴은 그의 말과 삶에서 볼 수 있듯이 자신의 삶을 다스리고 인도하시는 하나님과 함께 자유를 갈망하며 그 길을 걷고 있습니다. 나는 그의 여정에서 많은 것을 배웠고 지금도 계속 배우고 있습니다.

여러분도 자신만의 독특한 순례길을 찾아보라는 그의 권면을 받아들여 자신의 삶을 살지 못하는 비극에서 벗어나게 되기를 바랍니다.

_조시 데이비스(프로스퀴네오 사역 창설자, 다민족 예배 인도자)

○

청 킴 선교사는 선교 분야에서 두각을 나타내는 지도자로서 평소 독서량이 많고 묵상을 깊이 하는 분입니다. 저는 10년 이상 청 킴 선교사와 알고 지냈는데, 그와 만나서 대화할 때마다 여러 면에서 지혜를 얻게 됩니다. 자신의 묵상을 담은 「순례자가 순례자에게」를 읽으며 제가 청 킴 선교사에 대해서 그동안 가지고 있던 생각이 결코 틀리지 않았음을 다시 확인하게 되었습니다.

이 책에 실린 청 킴 선교사의 개인적 삶의 이야기들은 그가 독서를 통해 얻은 영감, 묵상, 통찰과 엮여 마치 미슐랭 추천 식당의 명품 요리와 같은 맛을 냅니다. 그의 글에는 기존 생각들을 깨는 참신함이 있는가 하면, 오래 묵힌 장으로 끓여서 깊은 맛을 내는 전통도 담겨 있습니다. 그의 제안들은 오늘날 기독교와 선교가 맞닥뜨린 문제에 새로운 관점을 제시하지만, 오히려 그것이 독자들로 하여금 본질에 더 가깝게 다가가도록 하고 스스로 사유하게 합니다. 목회자든, 선교사든, 사역자든, 평범한 신앙생활을 하는 성도든 누구나 인생길을 시작하면 언젠가는 마칠 것입니다. 그 여정에서 만나는 많은 경험은 청 킴 선교사가 이 글에서 이야기하는 것에서 그리 멀지 않을 것입니다. 그의 묵상은 우리 인생 여정을 다시 돌아보게 하고, 특히 그 여정에 쉼표와 느낌표를 다시 찍게 만듭니다.

이 책에 담긴 글들은 때로는 쉽게 읽히지 않습니다. 하지만 시간을 내어 반추하며 읽다 보면 하나님이 우리 삶에 허락하시는 놀라운 지혜를 깨닫게 되리라 확신합니다.

_**손창남**(죠이선교회 대표, OMF 동원사역자)

○

얽매이기 쉬운 관습과 경직된 전통의 틀을 타파하고 진리로 자유케 하신 예수님을 따르며, 복음을 살아 내는 일에 누구보다 진지한 청 킴 선교사의 신앙 묵상들이 에세이 형식을 빌려 이 세상에 나오게 됨을 진심으로 축하합니다.

저자인 킴 선교사는 타문화에서 성장한 '제3문화아이'(TCK, Third Culture Kid)로서 청소년기를 지나, 대학생, 청장년기를 모두 미국에서 보낸 한국계 미국인이자, '제3문화성인'(ATCK, Adult Third Culture Kid)입니다. 가정 교육, 학교생활, 그간 몸담았던 신앙 공동체와 친구들, 특히 '제3문화아이'로서의 타문화 경험들은 그의 삶의 큰 자산입니다. 그러한 배경과 더불어 복음의 본질에 충실하려는 그의 헌신과 하나님 말씀의 진리와 자유를 향한 순수한 열정, 그리고 사랑이 어우러져

이 독특한 신앙 에세이를 잉태하게 했습니다.

배움의 공동체인 '설악 포럼'과 '방콕 포럼'을 통해서 꽤 의미 있는 긴 시간 동안 서로 배우고 교제를 나누던 분들 중 가장 기억에 남는 분이 있다면 바로 이 책의 저자 청 킴 선교사님입니다. 틀에 매이지 않는 신선한 묵상 속에는 위로부터 오는 겸손과 지혜가 들어 있습니다. 예배당에 갇혀 계시지 않고 걸어 나오신 예수님이 저자의 크고작은 일상 안으로 들어오셔서 다양한 하나님의 얼굴을 보여 주시며, 그의 신앙 여정을 풍성하게 해주셨습니다. 하나님의 얼굴은 정면, 측면, 후면, 위, 아래 등 여러 방향에 따라 다르게 보입니다. 모습이 다르게 보일 뿐 같은 하나님입니다. 저자는 다양한 방향에서 자신만의 방법으로 하나님의 특별한 얼굴을 더 가까이 보고, 그분과 더 자주, 더 오래 함께할 수 있도록 허락하신 하나님을 경험하는 삶을 기록했습니다.

그러한 저자의 묵상과 삶은 감사를 깊게 하고, 풍부한 감성과 공감력을 증진시키며, 자기 성찰과 자기 직면에 이어 진술한 자기 고백을 일으킵니다. 이는 성공과 실패를 있는 그대로 수용하며, 자타를 긍휼히 여길 수 있는 '안전한' 신앙 공동체 안에서 '함께-따로' 있을 때 이루어짐을 강조합니다. 기독교 상담적 요소가 곳곳에 있는 이 신앙 에세이의 일독을 권합니다.

_안은숙(OMF선교사, 브니엘상담센터 소장)

역자 서문

뿌리 깊은 유교 문화 탓인지는 모르지만, 신앙이 깊어지는 것은 흔들림 없고 엄격하며 빈틈없는 삶으로 나타나야 한다고 지금까지 굳게 믿어 온 것 같다. 성경에서 말하는 '자유'는 '구원'의 동의어 또는 유의어 정도로 받아들였다. 선교도 그러한 믿음으로 하나님에게 기쁨을 드리기 위한 것이라고 생각했다. 그리고 그렇게 보이도록 나 자신을 꾸며 왔다. 그러므로 나의 삶은 무엇보다도 나 자신에게 정직하지 못한 삶이었다. 부족하고 추하며 완악한 나 자신의 모습을 직면하지 못하고 대충 가면을 쓰거나 은둔해 버리기 때문에 결코 자유롭고 풍성하게 생명을 누리는 충만한 삶이 아니었다. 나는 다음과 같은 이주연 목사의 시에 깊이 공감한다.

> 내가 창조주께서 지어 주신 본래의 나에게 이르기 전엔
>
> 늘 행복을 찾아 헤매며 불행의 아쉬움을 지닌 채 방황합니다.

그리고 성공에 대한 강박감 속에서

그 무엇인가에 대한 두려움을 떨쳐 내지 못합니다.

나 아닌 나에 머물러 사는 것이

불행과 부자유의 시발점입니다.

이러한 경향은 문화와 상관없이 보편적인 것 같다. 브레넌 매닝은 다음과 같이 말했다.[1]

역사는 종교와 종교인들이 편협해지는 경향이 있음을 증거하고 있다. 종교는 생명, 기쁨, 신비에 대한 우리의 역량을 넓혀 주는 것이 아니라 오히려 위축시킬 때가 많다. 조직 신학이 발전할수록 경이감은 줄어든다. 삶의 역설과 모순과 모호성이 체계적으로 정리되고, 하나님조차 가죽 표지 책장 안에 밀쳐져 꼭꼭 갇히고 만다. 성경은 사랑 이야기가 아니라 세세한 지침서로 간주된다.

......

(그러므로) 숨어서 나오지 않는 그리스도인들은 계속 거짓 삶을 사는 것이다. 우리는 자기 죄의 실체를 부정한다. 과거를 지우려는 부질없는 수고로 우리는 공동체에서 자신의 치유의 선물을 박탈해 버린다. 두려움과 수치로 자신의 상처를 숨긴다면 우리 내면의 어두움은 나타날 수

---

1   브레넌 매닝의 「아바의 자녀」(*Abba's Child*, 복있는사람 역간)를 인용했다.

도 없고 따라서 남의 빛이 될 수도 없다.

매닝은 하나님의 사랑이 어떤 것인지를 제대로 알 때 비로소 우리가 우리 자신으로 살아갈 수 있다고 말한다.

사실 하나님은 우리의 부끄러운 행위들을 용서하고 잊으실 뿐 아니라 그 어둠을 빛으로 바꾸신다. 하나님을 사랑하는 자에게는 모든 것이 합력하여 선을 이룬다. 아우구스티누스 "우리의 죄까지도"라고 덧붙였다.

내가 삶의 역설, 모순, 모호성을 받아들이는 영성에 눈을 뜨고 조금씩 자신을 받아들이게 될 무렵, 청 킴으로부터 자신의 글을 번역해 줄 수 있느냐는 제안을 받게 되었다. 그와 나는 상당히 오래전부터 알고 지냈지만 친밀한 관계를 맺을 기회는 없었다. 몇 해 전에 한 선교 포럼에서 우연히 그가 발표한 글을 번역한 것이 계기가 되어 그러한 제안을 받게 된 것이다. 나는 그의 제안을 흔쾌히 받아들였지만 조금은 불안한 마음이 있었다. 내게 쉽지 않은 작업이 되리라는 것을 알았기 때문이다. 그렇게 시작된 작업은 2년에 걸쳐 태평양을 사이에 두고 수십 차례 화상 통화하고, 1년에 두 번 청 킴과 그레이스 부부가 한국에 올 때마다 여러 번 만나 우여곡절을 겪으면서 진행되었다. 그 동안 몇 번의 세미나와 강의를 통해 잠재적인 독자들을 만나고 좋은

15

반응도 얻었지만 아직도 불안한 마음은 있다. 이 책에 실린 글들에 담긴 메시지가 독자들에게 제대로 전달될 수 있을지 불안한 것이다. 그것은 무엇보다도 그 메시지들이 비교적 생소한 것이기 때문이다. 특히 '복음주의' 그리스도인들에게 말이다. 그렇지만 번역을 하면서 개인적으로는 그동안 청 킴 부부의 순례길에 자주 동행할 기회를 얻었다는 것은 큰 축복이라 생각한다.

청 킴은 깊은 묵상과 독서에서 오는 지식과 지혜, 그리고 예술적 감성과 금방 본질에 다가가는 직관적 통찰을 갖고 있다. 그에게는 1.5세대 이민자로서 늘 주변부와 경계에서 서성이는 아픔이 있었다. 그렇지만 그는 온유하고 다정한 심성을 잃지 않고 언제나 따뜻한 시선으로 사람을 대하고 사물을 바라본다.

우리는 영(靈)과 성(聖)은 긍정하고 육(肉)과 속(俗)은 부정하는 이원론적 세계관에 익숙하다. 영성(spirituality)에 관하여 다양한 정의가 있지만, 한 가지 공통적인 것은 육체를 긍정하고 귀하게 여긴다는 것이다. 성경에서 예수님과 함께한다는 것은 함께 먹고 마시는 것으로 나타난다(계 3:20 참조). 사람들은 예수님을 죄인과 세리의 친구가 되어 먹기를 탐한다고 비난하였다(눅 7:34 참조). 식탁에서는 누구나 가장 육적인 모습이 드러난다. 짐승들의 먹는 행위와 본질적으로 별반 다르지 않다. 따라서 그러한 모습을 보여 주고 싶지 않은 대상과는 식탁에 함께 앉으려 하지 않는다. 그러므로 역설적으로 한 상에 둘러앉아 먹고 마실 때, 우리는 빈부귀천과 상관없이 서로를 차별 없이 받아들이

순례자가 순례자에게

는 것이 된다. 가장 육적인 것이 가장 영적인 것이 될 수 있다는 말이다. 이처럼 영성이라는 용어에는 일상의 거룩함, 즉 거룩과 세속의 조화, 실천 가능하고 지속 가능하며 의미 있는 삶의 방식이라는 뜻이 담겨 있다. 청 킴은 이러한 영성 순례길에 우리를 초청한다.

나는 독자들이 청 킴과 함께 참된 자유를 누리게 되어 자기 자신으로 살아가는 충만한 삶으로의 여정에 동행하기를 바라 마지않는다.

2023년 새 봄을 맞이하며
김동화

서문

"자신의 진심을 따르라."
_존 번연

나는 안절부절못하는 영혼이다.

몇 년 전, 삭발하고 염소수염을 기른 중년의 남자인 나는 얼마 전 서울 북아현동에 있는 나의 모교인 추계 초등학교를 방문했다. 내가 여섯 살에서 열두 살까지(1968-1974년) 다닌 곳이다. '세상이 내 발 아래 있다'고 생각하던 그 시절 추억을 되새기며 교정을 다시 밟으니 몹시 흥분되었다. 학교 이곳저곳을 돌아보며, 되살아나는 천진난만하고 행복하던 시절의 추억을 만끽한 후, 조심스럽게 교무실로 들어가 종잡을 수 없는 나의 추억담을 기꺼이 들어 줄 사람을 찾고 싶었다. 나는 마침, 그 이야기를 들어 줄 불쌍한 희생자를 찾았고, 그는 친절하게도 내 두서 없는 이야기를 경청해 주었다. 그는 마치 탈출구를 찾는 것처럼 나에게 교장 선생님에게 인사하지 않겠느냐고 물었다. 나는 그분이 어떤 분일지 몰라 조금은 주저하는 마음으로 고개를 끄덕였다.

교장 선생님은 어리둥절한 표정으로 교장실에서 나오셨다. 나는 그의 얼굴을 보자마자 옛날 모습이 기억났다! 나를 가르치신 여러 선생님 중 한 분이었다. 그때 그는 무척 젊었고, 나는 정말 어렸다. 그분도 나를 기억하고 있다는 사실에 한 번 더 놀랐다. 우리는 즐거운 대화를 나누었고, 교장 선생님은 나에게 어린 시절 학교 생활 기록을 보고 싶은지 물으셨다. "물론이죠." 내 대답이 끝나자 건네 받은 기록표에서 가장 먼저 눈에 띈 것은 학교 성적이 아니었다(기껏해야 '미' 아니면 '양'이었다). 내 시선은 '비고란'을 향했는데, 6년 동안 선생님들이 나에 대해 평가해 주신 내용으로 가득 차 있었다. 거듭 언급된 한 가지 일관된 평가는 내가 '산만했다'는 것과 집중하고 주의를 기울이는 능력이 부족하다는 것이었다. 그때는 몰랐지만 나는 아마도 주의력 결핍 장애(ADHD)였던 것 같다. 나는 내 성적과 그러한 평가를 보면서 웃음이 터져 나오는 것을 참을 수 없었다. 교장 선생님과 나를 안내한 선생님도 웃음을 터뜨렸다.

주의가 산만하다는 특성은 지금까지도 나를 따라다닌다. 에니어그램 7번 유형인 나는 이 생각에서 저 생각으로 빠르게 건너가며 연속적으로 다양한 생각을 하는 '몽키 마인드'를 갖고 있다. 시간이 지나면서 이 산만함은 내가 마음 깊은 곳에서 안절부절못하는 영혼이라는 것을 알게 해주었다. 그렇다. 나는 삶의 의미에 관한 이해와 해답을 찾는 안절부절못하는 영혼이다.

또한 나는 아웃사이더이다. 한국에 적응하기 위해 열심히 노력하지만 나의 '외래성'(foreignness)을 완전히 숨길 수는 없다. 우리 부부는 한국에 왔을 때, 옷을 말리기 위해 근처 빨래방에 간 적이 있다. 숙소에 햇볕이 잘 들지 않아 빨래를 건조하기가 쉽지 않기 때문이다. 빨래방이 있는 건물에 도착하여 주차하려고 할 때, 그곳 주차 관리인이 우리에게 어느 가게에 왔는지를 물었다. 나는 한국어로 "동전 빨래방이요"라고 말했다. 그는 즉시 "동전 빨래방"이라는 단어를 되풀이하며 내 한국어 발음을 간접적으로 바로잡아 주려 했다. 나는 들통 난 것이다.

미국에서는 자녀들이 (스스로는 거의 완벽하다고 생각하는) 나의 영어 발음을 자주 교정해 준다. 완벽한 영어를 구사하는 그들은 나의 '거의 완벽한 영어'에서 어색한 것을 금방 찾아내곤 한다. 나는 한국과 미국, 두 곳에서 별 문제 없이 잘 지낼 수 있고 내가 해야 할 일도 잘할 수 있다. 하지만 가끔씩 내가 남다르게 보인다는 것을 알고 있으며, 그래서 한국과 미국 어느 곳에도 완전히 어울리지 못하고, 그 어느 곳도 나의 진정한 '집'(home)이 되지 못한다는 것을 상기하게 된다.

나는 부모님의 용기 있는 결정에 따라 열네 살 때 미국에 왔다. 처음 2년 동안은 문화 충격이 엄청났다. 우여곡절 끝에 점차 적응해 가면서 미국이 새로운 '집'이 되었지만 솔직히 말하면, 나는 항상 소외감을 느꼈다. 15년 후 스물아홉 살이 되었을 때, 나는 이민 온 후 처음으로 한국을 방문하게 되었다. 그때 나는 스스로를 한국 사람이라고 생각했다. 그러나 그것이 곧 환상이라는 것을 알게 되었다. 사람들이

순례자가 순례자에게

역문화적 충격이라고 부르는 것을 경험한 것이다. 내 정체성에 관해 혼란을 겪고 그로 인해 영혼에 대한 탐구가 뒤따랐다. 믿음을 갖게 된 후, 사도 바울이 "우리의 시민권은 하늘에 있다"(빌 3:20 참조)고 한 말은 내 삶에 큰 위안을 주었고, 내가 어떤 정체성을 가져야 할지를 알게 해주었다.

이 책은 주로 내 삶의 이야기에 대한 나의 묵상을 담은 짧은 에세이 모음이며, 나의 산만한 생각과 안절부절못하는 내 영혼이 거짓 없이 고민한 것들을 모은 것이다. 내가 살아온 삶은 우아하기보다는 깊은 은혜를 입은 삶이었다. 나는 내가 가지고 있는 신학적 렌즈를 통해 현실과 삶을 바라보며 더 나아가 한국계 미국인이라는 독특한 문화적 배경을 바탕으로 현실과 삶을 인식하고 해석하고 있다. 이 책에 나의 묵상을 담았지만, 이를 통해 손쉽게 찾을 수 있는 진부한 정답을 제시하기보다는 오히려 질문을 던지고 싶다. 이 책은 내가 제기한 질문에 답하기 위해 체계적으로 구성된 것이 아니다. 나의 타고난 영적 여정에 대해 스스로가 제시하는 힌트, 추측, 직관에 관한 것이다. 나는 이런 식으로 (자유롭게) 움직이고 삶을 경험하였기에, 나의 글도 이런 모습을 반영한다. 또한 이 책은 스케치, 사색, 그리고 나의 인간적이고 영적인 삶의 '읽기'를 모은 것이다.

어떤 사람들에게는 이 책의 내용이 몹시 낯설고, 예측하지 못한 방향으로 흘러가기도 해서 읽기에 쉽지 않을 수도 있다. 정답을 찾으려는 분석적 사고가 아니라 개방적이고 투명하며 고민하는 마음으로 읽을 때 이 책을 가장 잘 이해할 수 있을 것이다. 내가 독자에게 몇몇 부분에서 답을 제공하려는 듯이 쓴 글이 있다면 그것은 단지 나의 여정에 바탕을 둔 제안에 지나지 않다는 것을 기억하면 좋겠다. 요컨대 나는 규범적이 아니라 서술적으로 글을 쓰려고 노력했다.

더 나아가 나는 아웃사이더로 살아가면서 일차적으로 나의 위치가 대부분의 사람보다 사회 변방, 그리고 주변부에 있다고 느낀다. 월터 브루그만의 표현을 빌리자면, 나는 '주변부의 목소리'를 가지고 있다. 내가 주변부에 있음을 확증해 주는 것은 내가 새로운 시각을 가지고 사물을 살펴보는 영적 은사를 가지고 있다는 것이다. 나는 항상 기존의 경계를 확장해 나가고 내부에서 사물을 바라보는 대신 외부에서 들여다봄으로써 내부의 사람들과 사물을 다르게 본다.

나는 한국에서 종종 미국과 한국 양쪽에서 나타나는 기독교 운동에 대해 (그리고 기독교적 형태와는 거리가 먼 예수 중심의 영적 운동에 대해서도) 비평을 하거나 나의 관점을 말해 달라는 요청을 받곤 한다. 나는 이런 주제에 관해 수년 동안 논문을 발표하고 세미나를 할 수 있는 많은 기회가 있었다. 자칫 자랑처럼 들릴 수도 있지만 나의 주장이 신선하고 독특하다면서 지지받는 경우가 여러 번 있었다. 물론 지지받았다고 해서 내 견해가 모두 옳은 것이 아니라는 것을 잘 알고 있다. 또한, 시간이 흐르면서 내 견해도 바뀌고 있다. 견해가 바뀌는 것은 주로 나의 관점이 달라지기 때문이다. 따라서 나는 지나치게 단정적으로 내 견해를 제시하지 않으며, 겸손하게 말해야 한다는 것을 알고 있다.

나는 여행 중에 있는 순례자다. 내가 어떤 사람이며 하나님이 나를 어떻게 창조하셨는지를 생각하면 나는 유일무이한 독특한 존재이지만, 동시에 셀 수 없을 정도로 많은 다른 순례자와 이 여정을 함께하고 있음을 깨닫게 된다. 순례자로서 나는 여러 번 길을 잃었고, 바닥에 납작 엎어진 적도 있다. 또한 깊은 굶주림이 어떤 것인지를 배우고, 위험과 상처를 마주하기도 하였다. 산꼭대기에서 파노라마 같은 숨 막히는 경치에 압도되기도 하였고, 어두운 길을 따라 걸어 보기도 했으며, 작은 경이로움에서 예기치 않은 기쁨을 누리고, 때로는 다른 순례자들을 만나기도 했다. 그래서 나는 순례자로서 동료 순례자들을 위해, 그리고 그들을 향해 글을 쓰게 되었다.

우리는 자연스럽게 어떤 묵상과 생각에서는 집중하고 대화할 것이며, 또 어떤 묵상과 생각에서는 샛길로 갈 수도 있을 것이다. 다음과 같은 문제에 관한 답이 내가 살아오는 동안 안절부절못하며 찾은 것들 중에 포함되어 있다. "하나님은 어떤 분인가?" "나는 누구인가?" "인간이란 무엇인가?" 그리고 "이러한 것들은 서로 어떤 관련이 있는가?"

순례자로서 나는 궁극적 실제(The Reality, 성자 하나님)에게 이미 일어났고 계속 일어나는 엄청난 일을 이해하기 위해 대화하고 토론하며 엠마오로 향하는 길을 걷던 두 제자와 다르지 않다고 생각한다. 그렇게 길을 가고 있는데 예수님이 갑자기 나타나셔서 우리와 함께하신다. 그러나 우리는 질문하시고 이야기하시는 그분(예수님)을 바로 알아보지 못하는 것이다! 제자들에게 일어난 일이 우리에게도 일어나면 좋겠다.

"[갑자기] 그들의 눈이 밝아져 그인 줄 알아보더니 …… 그들이 서로
말하되 길에서 우리에게 말씀하시고 우리에게 성경을 풀어 주실 때에
우리 속에서 마음이 뜨겁지 아니하더냐"(눅 24:31, 32).

여기에서 '갑자기'라는 단어를 주목하라(NLT 같은 영어 성경에는 'sud-
denly'라는 단어가 있다). 계획과 대책을 세울 때 나타나는 우리의 습관적
인 성향은 종종 예수님의 거룩한 자발성과 충격에 부딪히게 된다. 이
를 통해 예수님은 우리가 이전에 붙들고 있던 것을 내려놓으라고 촉
구하신다.

인생의 여정 중에 눈이 열리고 예수님을 알아보게 되며 마음이
뜨거워지는 일을 겪는 것은 순례자 모두에게 가능한 경험이다! 이 책
을 읽고 숙고하다 보면, 하나님의 섭리로 마음의 변화를 향한 여정 가
운데 있던 엠마오 길의 제자들처럼, 우리도 놀라운 경험을 하게 되기
를 소망한다.

순례자가 순례자에게

순례자의 영성은 ……

보잘것없는 것, 풍성한 것, 예기치 못한 것을 통해 만족을 맛보는 것.
discovering contentment through little, plenty, and surprises.

하나님이 우리에게 다가 오시는 방법으로서 속세의 것과 성스러운 것 모두를 받아들이는 것.
embracing both mundane and sacred as God's way of coming to us.

의문과 힌트, 추측을 통해 답을 찾는 것.
finding answers through questions, hints, and guesses.

의심과 궁금증, 고통과 두려움에 익숙해지는 것.
making friends with doubts, curiosities, sufferings, and darkness.

내려놓고 미련을 버림으로 기쁨과 은혜를 누리는 것.
finding joy and grace through releasing and unleashing.

나에게 확실하게 보이는 것이 정말로 확실한 것이 아닐 수도 있다는 것을 아는 것.
seeing what is real to me is not necessarily what is Real.

나의 내적인 충동과 내적인 울부짖음, 그리고 각성을 분별하는 것.
discerning my inner prompts, inner cries and disillusionments.

확실함과 확신을 넘어서는 사랑을 베푸는 것.
placing love over certainties and convictions.

충만한 삶으로 깨어 있어 나의 인간성과 영성이 아무 구분 없이 통합되는 것.
waking up to being fully alive, seamlessly integrating my humanity and spirituality.

나의 존재함, 다른 이들의 존재함, 그리고 나를 둘러싼 모든 것의 존재함에 대해 하나님에게 감사하는 것.
thanking God for my existence, others' existence and everything around me.

'순례자의 영성'에 대해 무엇을 쓸지 몰라서가 아니라, 너무 많은 것이 생각나서 이 목록을 작성하기가 쉽지 않았다. 이 글의 독자이자 동료 순례자인 여러분도 자신의 통찰과 내면의 지식을 통해 '순례자의 영성'을 자신의 말로 설명할 수 있으리라 생각한다. 동시에 이 책의 각 에세이를 읽고 숙고하면, 앞에서 언급한 목록의 일부가 보이기 시작할 것이다. 이는 '순례자의 영성'의 본질은 개인적이고 주관적이어야 한다는 것을 의미한다. 헨리 나우웬은 심리학자 칼 로저스의 말을 자주 인용하여 "가장 개인적인 것이 가장 보편적인 것이다"라고 했다. 따라서 나의 가장 개인적인 목록이 여러분도 동일시할 수 있는 것이 되면 좋겠다. 동시에, 여러분이 나의 여정에서 느낀 것을 읽고 묵상하면서 여러분 자신의 유일무이한 독특한 삶을 영위해 가기를 바란다.

나는 '순례자의 영성'이 무엇인지, 그리고 개인적인 여정에 따라 어떤 것이 될 수 있는지를 설명하였다. 따라서 내가 제시한 이 목록을 무조건 받아들이거나 믿으려 하지 말고 여러분의 순례 여정을, 여러분의 방법에 따라 스스로 분명히 설명할 수 있게 되기를 바란다. 그것이 바로 내가 이 목록을 공유하는 의도이다. 언젠가 시간과 공간이 허락된다면, 나도 여러분의 설명을 듣고, 서로 배우며 깨닫게 되기를 바란다.

이 일에 있어서 주님의 뜻을 알고 싶다고?

잘 알다시피, 사랑이 그의 뜻이었지.

누가 당신에게 그것을 보여 주셨지? 사랑이신 그분.

그가 당신에게 보여 주신 것이 무엇이었지? 사랑이신 그분.

그는 왜 당신에게 그것을 보여 주셨지? 사랑이신 그분 때문에.

여기에 머무르라. 그러면 이와 같은 것을 더 많이 알게 될 것이다.

_노리치의 줄리안

완전한
사랑을 향한

불완전한
여정

아내와 정장 한 벌을 사러 갔다. 마지막으로 정장을 산 것이 언제인지 기억나지 않는다. 30여 년 전(1980년대 초)에는 주일마다 교회에 갈 때 정장을 입었던 기억이 희미하게 남아 있을 뿐이다. 확실히 시대는 많이 달라졌고, 코로나19로 인해 세상은 더욱 복잡해졌다. 불과 얼마 전까지도 '노드스트롬 랙'(Nordstrom Rack, 미국 고급 백화점 노드스트롬의 아울렛)에서 매우 다양한 남성 정장이 판매되고 있었다. 예전에 정장이 진열되어 있던 자리에 양말, 내의, 속옷이 진열되어 있는 것을 보고 조금 놀랐다. 정장은 세 개의 진열대로 축소되어 한쪽 구석으로 밀려나 있었다. 딱 마음에 드는 양복이 없어 어떻게 해야 할지 고민하던 차에, 누군가가 메이시스(Macy's)백화점에 가 보라고 말해 주었다. 다행히 그곳에 가니 다양한 정장이 있었다. 스키니 핏, 슬림 핏, 모던 핏, 클래식 핏 등 12가지가 넘는 다양한 정장을 입어 보고 나서 내가 원하는 것을 찾게 되었다. 나에게 맞는 사이즈를 파악한 후, 온라인으로 주문해서 60퍼센트 이상 저렴하게 구매할 수 있었다. 스키니와 슬림이 아닌 것에 '클래식'이라고 이름 붙인 것은 영리한 마케팅이라고 생각했다. 그리고 도대체 '모던'은 무엇을 의미하는지 도통 알 수가 없었다. 나는 현대인(modern man)이 아닌가? 하지만 어쩌겠는가.

정장이 필요했던 이유는 다름 아닌 둘째 딸의 결혼식 때문이었다. 결혼식이 5일도 채 남지 않은 시점에서 옷을 사게 된 것이다. 나는 앞으로 몇 년 동안 결혼식보다 장례식에 참석할 일이 많을 것이라는 음울한 사실을 알고 있었기 때문에 결국 짙은 파란색 양복을 주문했다. 이것이 바로 내가 처한 삶의 단계이다. 지금 우리 부부가 둘째 딸을 **떠나보내는** 시점에 서 있다는 사실을 알면서도 별로 흔들리지 않고 잘 버티고 있다는 것에 놀라울 뿐이다. 나는 딸들이 겨우 다섯 살과 두 살일 때, 시카고 한 주차장에서 밥 칼라일의 〈버터플라이 키스〉라는 노래를 들었던 때를 생생하게 기억한다. 그 노래를 들으며 딸들을 어떤 미지의 남자들에게 **보내야** 할 것을 상상하니 주체할 수 없이 눈물이 펑펑 흘렀다. 나는 아직도 그 노래를 들을 때마다 눈물을 흘린다.

그때의 상상대로 딸 하나의 약혼자 제레마이야가 몇 달 전, 결혼을 허락해 달라고 찾아왔을 때 나는 내 솔직한 심정을 알아챘다. 제레마이야의 용기가 가상했지만, 내 딸을 선뜻 그에게 보내고 싶지 않았다. 그러나 제레마이야가 보여 준 내 딸에 대한 사랑과 헌신은 내 마음을 사로잡았고 그가 한나에게 얼마나 잘하고 있는지 보았기 때문에 지금은 이런 이야기를 편히 할 수 있다.

제레마이야는 하나님을 사랑하는 신실한 청년이다. 나는 그를 가족으로 맞이하게 된 것을 매우 자랑스럽게 생각한다. 그 두 사람은 정말 잘 어울리는 멋진 젊은이들이다. 나는 그들이 서로 의사소통하는 방식에 깊은 감명을 받았다. 신부의 아버지로서 내가 무엇을 더 바라겠는가? 나는 내 딸을 제레마이야에게 맡길 준비가 되었다.

사랑은 누군가를 떠나보내고 놓아주어 그들이 그들 자신이 되고, 그들이 이 세상에서 되어야 할 존재가 되며, 그들이 할 일을 하도록 해주는 것이다. 나는 감히 한나나 제레마이야를 통제하려 하지 않을 것이며, 그들을 이 세상에 보내신 이의 뜻에 따라 그들이 온전한 모습이 되어 가는 것을 보고 싶다.

사랑은 또한 짐을 지는 것이다. 내 삶에 비추어 볼 때, 그들도 다양한 형태와 크기의 도전, 어려움을 겪을 것이다. 그들을 통제하거나 소유하려 들지 않으면서도 나는 부모로서 계속해서 그들과 함께 짐을 나누어 지고 그들의 미래도 함께할 것을 약속한다. 사랑은 기쁨과 성취를 공유하고 응원하는 것이다. 나는 딸 부부와 가족으로서 그들 삶의 다양한 '첫 열매'(그들이 낳을 첫 자녀)를 함께 기뻐하고 응원할 것이다. 그저 나는 그들이 삶의 여행을 계속하고 하나님에게 충성하는 삶을 살도록 응원할 뿐이다. 사랑은 헬리콥터 부모처럼 자식 주위를 맴돌며 간섭하고 야단치는 것이 아니라 눈에 띄지 않고 은밀하게 그들을 보호하고 이끌어 주는 것이다. 마치 '수호천사'처럼 말이다. 하나님이 부모로서 나에게 행하신 것을 경험했기에 이 모든 것이 하나님이 허락하신 삶의 구체적인 특성임을 깨닫는다. 하나님이 내 삶 속에 계시던 것처럼, 나는 한나와 제레마이야에게 하나님을 닮은 작은 하나님이 되고 싶다.

나는 한나의 어릴 적 앨범을 훑어보았다. 태어나자마자 내 팔에 안긴 작은 아기일 때부터 나보다 키가 큰(나는 앞으로도 계속 한나 옆에 꼿꼿이 서서 내가 한나보다 작다는 것을 애써 부인하려 할 테지만) 숙녀가 될 때까지의 성장 과정을 음미하며 기뻐했다. 한나는 나이에 비해 매우 성숙하고 자신을 아주 깊이 알기 때문에 (상징적으로) 나보다 키가 크다고 할 수 있다. 한나는 제레마이야와 함께 앞으로의 삶을 가치 있고 의미 있게 만들기 위한 모든 것을 갖추었다.

나는 딸을 떠나보내는, 그 길을 가 본 적이 없기 때문에 한나의 손을 잡고 결혼식장을 어떻게 걸어 들어갈지 알 수 없다. 눈물이 흐르는 것을 애써 참아야 할지도 모르고, 그러다가 방향을 잃고 쓰러져 버릴지도 모른다. 둘 중 무엇이 됐든 그러면 안 될 것 같다. 나를 지탱해 줄 만한 것을 잘 붙들고 있어야 한다. 적어도 결혼식이 끝날 때까지는 말이다.

수십 년 동안 나는 하나님과 씨름해 왔다. 하나님이 앞뒤가 맞지 않고, 심지어 조울증이 있는 분처럼 생각될 때도 있었다. 구약과 신약에서 묘사된 하나님은 근본적으로 다른 분처럼 보였다. 구약의 하나님은 징벌과 응징을 좋아하시며, 성미가 급하신 분으로 보였다. 정의롭고 의로운 성품에 따라 인간을 심판하실 때는 매우 단호한 분 같았다. 이와는 대조적으로 신약의 하나님은 우리를 회복케 하시기를 좋아하고 사랑과 긍휼, 인내심이 넘치는 분처럼 느껴졌다.

하나님이 어떤 분인지에 대해 어떻게 대답하는가에 따라 우리 삶의 궤적이 달라지고 습관적으로 크고 작은 결정을 하는 데에도 영향을 끼친다. 하나님을 알고 사랑하는 것은 분명 평생 가야 할 여정이다. 아는 것과 사랑하는 것은 서로 복잡하게 연결되어 있다. '하나님을' 아는 것과 '하나님에 대해' 아는 것 사이에는 큰 차이가 있다. 하나님을 알고 사랑하는 것은 친밀하고 주관적이며 개인적인 행동이다. 예수님은 우리에게 마음, 생각, 힘, 영혼을 다해 하나님을 사랑하라고 가르치셨다. 분열되고 나뉜 자아가 아니라 우리 존재 전체로 하나님을 사랑해야 한다고 말이다. 또한 각자의 마음, 생각, 힘, 영혼으로 하나님을 사랑해야 하는 것이다. 우리는 자신이 아닌 다른 사람의 마음, 생각, 힘, 영혼으로는 결코 하나님을 사랑할 수 없다.

이 장을 하나님이 어떤 분인지 다시 상상하고, 다시 생각해 보고, 다시 그려 보라는 초대장으로, 그리고 궁극적으로는 하나님을 사랑하라는 초대장으로 받아 주면 좋겠다. 우리는 불완전한 존재로서 이 일을 해야 한다. 하나님은 우리의 그런 모습을 받아 주시고 우리가 충분히 그럴 것이라고 예상하신다. 그러므로 순례자의 궁극적인 성화의 여정은 제한적이고 불완전한 사랑에서 무조건적이고 온전한 사랑으로 옮겨 가는 것이라 말할 수 있다.

우리가 하나님을 사랑해야 하는 이유는 하나님이 사랑이시기 때문이다. 사랑을 하면 우리가 사랑이신 하나님과 하나가 되며, 우리도 사랑이 된다. "하나님은 사랑이시다"(요일 4:8 참조)라는 사도 요한의 말은 간결하면서도 심오하다.

프랑스의 떼제 공동체의 창설자인 로저 수사(修士)는 이 말씀을 "하나님은 사랑 이외의 그 무엇도 아니다"라고 멋지게 살짝 바꾸어 놓았다. 나는 이 말에 깊이 공감한다. 나는 또한 〈우비 까리타스〉라는 노래에 나오는 "사랑의 나눔 있는 곳에 하나님께서 계시도다"라는 가사에도 공감한다. 이 사랑은 자기중심적이 아니라 자신을 비우는 사랑이다. 자신을 비우는 사랑이 하나님의 본질이며 하나님은 그 자신의 존재를 부정할 수 없는 분이다. 하나님은 사랑**하지 않을 수 없는 분이다.** 하나님은 사랑하시는 것을 선택하지 못하시거나 선택하지 않으실 수가 없다. 하나님은 사랑이시기 때문에 사랑하신다. 하나님은 사랑이신 하나님으로서 행하신다!

이 사랑은 결코 탐내지도, 통제하지도 않는다. 사랑이신 하나님은 우리에게 완전한 자유를 허락하신 그 뜻을 거스르거나 타협하지도 않으신다. 그 사랑을 받을 수 있는 유일한 방법은 그 하나님을 자유함과 숨김없이 합력하려는 마음으로 받아들이는 것이다. 예수님이 우리 영혼의 문 앞에서 노크하시는 모습을 상상해 보라(계 3:20 참조). 우리가 보일 수 있는 유일하고도 올바른 반응은 그 문을 열고 예수님을 안으로 모셔 들이는 것이다. 예수님은 억지로 밀고 들어오시는 분이 아니다.

사도 바울은 다음과 같이 기록하고 있다.

사랑은 오래 참고 사랑은 온유하며 시기하지 아니하며 사랑은 자랑하지 아니하며 교만하지 아니하며 무례히 행하지 아니하며 자기의 유익을 구하지 아니하며 성내지 아니하며 악한 것을 생각하지 아니하며 불의를 기뻐하지 아니하며 진리와 함께 기뻐하고 모든 것을 참으며 모든 것을 믿으며 모든 것을 바라며 모든 것을 견디느니라 사랑은 언제까지나 떨어지지 아니하되 예언도 폐하고 방언도 그치고 지식도 폐하리라(고전 13: 4-8).

로마서 8장 37-39절에서 사도 바울은 놀랍게도 이를 다음과 같이 요약하고 있다.

그러나 이 모든 일에 우리를 사랑하시는 이로 말미암아 우리가 넉넉히 이기느니라 내가 확신하노니 사망이나 생명이나 천사들이나 권세자들이나 현재 일이나 장래 일이나 능력이나 높음이나 깊음이나 다른 어떤 피조물이라도 우리를 우리 주 그리스도 예수 안에 있는 하나님의 사랑에서 끊을 수 없으리라.

사랑이 시작이며 끝이다. 사랑은 한눈을 팔거나 변절하지 않는다. 하나님은 우리를 징계하실 때에도 사랑으로 하시지 징벌이나 앙갚음으로 하시지 않는다. 사랑은 모든 것을 견뎌 낸다. 하나님은 사랑하시지 않을 수 없기 때문에 그 어느 때라도 사랑하시는 것을 유보하시지 않는다. 하나님은 그 사랑을 **끊임없이** 쏟아 부으실 수밖에 없다. 온 우주를 다스리시는 것이 이 다함없는 사랑의 증거다. 하나님이 사랑이라면 (사실은 사랑이시기에) 그럴 수밖에 없다.

지난 몇 년 사이에 내가 읽은 책 중 가장 감명 깊었던 책은 프란시스코 수도회 소속의 수녀이자 과학자인 일리아 델리오의 책이다. 그 책은 하나님에 대한 나의 선입견을 산산조각 냈고 내가 어떻게 통합해야 할지 모르는 것들을 통합시킬 수 있도록 해주었다. 델리오는 다음과 같이 말한다.

창조는 단순히 하나님의 선물이 아니다. 창조는 하나님의 사랑 안에 거하는 것이다. …… 하나님은 하늘에 계시는 초자연적인 존재가 아니라 존재하는 모든 것을 뛰어넘는 초자연적 중심이 되신다. 즉, 이는 우리가 하나님의 은혜로 구원을 받았다기보다는 하나님의 사랑과 합력하여 이 세상 안에서, 그리고 이 세상을 통해 구원받거나 온전케 되었다는 것이다. …… 하나님의 사랑은 전적으로 타자(other) 중심적이기 때문에 전 우주가 하나님의 현현(顯現)이며 하나님의 영광이 나타난 것이다.

하나님은 하나님이심을 행동으로 나타내신다. 그 하나님이심은 하나님의 본성과 합치하는 것인데, 이는 곧 사랑이다.[2]

그렇다. 하나님은 하나님 되심을, 즉 사랑을 행하신다. 사랑은 하나님 되심의 본질이며, 따라서 하나님의 모든 행동은 사랑의 지배를 받는다. 사랑에서 벗어난 하나님의 행동은 하나도 없다. 죄는 이 사랑을 거부하는 것이다. 델리오가 말한 것처럼 죄는 "사랑에 대한 저항"이다.

또한 나는 성경 전체의 주제가 사랑이라 믿는다. 구약(히브리어 성경)을 관통하는 주제인 '헤세드'는 하나님의 넘치는 사랑, 온유하심, 선하심, 그리고 자비하심을 표현한다(아내와 나는 이 헤세드라는 개념에 매료되어 아들의 이름을 헤세드라고 지었다). 예수 그리스도의 삶과 죽음은 세상을 향한 하나님의 다함없는 사랑에 대한 궁극적인 표현이다. 예수님은 또한 주님을 따르는 자들이 하나님을 사랑하고, 자신을 사랑하며, 이

---

2   일리아 델리오의 「견딜 수 없는 존재의 온전함: 하나님, 진화, 그리고 사랑의 힘」(*The Unbearable Wholeness of Being: God, Evolution, and the Power of Love*)을 인용했다.

웃(우리가 원수로 여기는 사람을 포함하여 모든 사람)을 사랑함으로써 이 하나님의 사랑을 지속적으로 표현하며 살아야 함을 분명히 말씀하셨다. 하나님이 사랑이신 것처럼 우리도 사랑이다. 이것이 곧 우리 안에 하나님의 형상을 닮은 모습이 있다는 말이다. 토머스 머튼은 다음과 같이 말했다.

> 내가 하나님의 형상으로 지음받았다는 말은 내가 존재하는 이유가 사랑이라는 뜻이다. 하나님은 사랑이시다. 사랑이 나의 참된 정체성이다. 이기심이 없는 자신이 나의 진정한 자아이다. 사랑이 나의 진정한 본성이다. 사랑이 나의 이름이다.[3]

사랑이 우리의 이름이다. 둘째 딸이 결혼하게 되면서 또 다른 계절을 맞는 내 인생도 그 안에서 새롭게 펼쳐지고, 사랑이 나의 이름이 되고 있다. 우리는 독특하면서도 다르게 사랑을 품고 있다. 어떤 사람들은 자유와 인내, 절제, 화평, 은혜, 관용 등으로 사랑을 표현한다. 사랑은 하나님의 모든 선한 것과 어떤 경우에도 부정할 수 없는 거룩하신 모습, 모두를 합친 것이다. 그리스도를 통해 하나님과의 연합을 경험하려면 하나님의 비소유적이고 자신을 비우시는 사랑과 합력해야 한다. 우리가 이 하나님 사랑의 본성과 합력할 때 이 세상에 하나

---

3   토마스 머튼의 『새 명상의 씨』(*New Seeds of Contemplation*, 가톨릭출판사 역간)를 인용했다.

님 나라가 임하여 그 나라가 충만해지고, 우리는 이에 순복하며, 그 안에 있는 모든 것을 다스리게 된다.

우리는 하나님을 과소평가하고 악은 과대평가하고 있다.

_유진 피터슨

하나님이
어떤 분인지를

이치에 맞게
이해하려는 시도

나는 신앙 여정을 걸어오면서 인생에서 가장 근본적인 두 가지 질문의 진리를 알게 되었다. 그 질문은 바로 "하나님(또는 당신이 지극히 높은 존재에 대해 사용하는 이름)은 어떤 분인가?", 그리고 "나는 누구인가"이다.

우리가 인생에서 어떤 일을 행하는지 또는 행하지 않는지는 근본적으로 이 두 가지 질문에 어떻게 답하는가에 달려 있다. 삶의 궤적을 어떻게 설정할지와 그에 따라 어떤 일상적인 행동을 할지는 이 질문에 어떻게 답하는가에 따라 결정된다. 즉, (리처드 로어가 즐겨 표현한 것처럼) 우리가 완전히 해체되거나 혼란스러워지면, 우리가 가치와 의미를 위해 만든 '상자'가 더 이상 쓸모없어져 매우 당황하고 만다. 어느 누구도 어떤 형태로든 해체가 필요하지 않은 완벽한 '상자'를 가지고

41

있지 않다.

다시 질문으로 돌아가 보자. 나는 이 두 가지 질문이 밀접하게 연관되어 있다고 생각한다. 먼저 첫 번째 질문을 살펴보자.

'지극히 높은 존재'(the Supreme Being), '절대 의식'(the Consciousness), 또는 '신'(God)에 관한 생각은 궁극적으로 우리가 스스로를 보는 방식을 결정한다. 어떤 사람들에게 신은 질서를 위해 규칙을 지키게 할 필요가 있을 때 삶에 뛰어들고 강제로 개입할 준비가 되어 있는 존재이다. 어떤 사람들에게 신은 자신의 영광을 지키기 위해 막강한 힘을 발휘하는 존재이며, 다른 모든 것은 이에 비하면 미미한 것이 된다. 어떤 사람들에게 신은 부재(不在)하고 어떤 것에도 관여하지 않으며 세상과는 멀리 떨어져 인간들이 알아서 하도록 내버려 두는 존재이다. 어떤 사람들에게 신은 동정심이 많고 인간을 사랑으로 돌보며 친절한 존재이다. 신이 어떤 형태(또는 때에 따라 다양한 형태의 조합)로 이해되든 간에 우리 모두는 신을 희미하게 알고 있다.

누구도 절대적으로 신이 이렇다 저렇다 말할 수 없다. 신은 결코 **우리의 신** 개념에 묶여 있을 수 없다. 실제의 신과 우리의 신 개념은 일치하지 않는다. 우리가 하나님이라고 말할 때 그것은 실제의 하나님이 아니라 하나님에 대한 우리의 제한적이고 불완전한 견해와 경험을 의미한다. 하나님은 우리의 신 개념에 얽매이는 것을 거부하신다고도 말할 수 있다. 그렇기에 나는 '**하나님은 어떤 분인가?**'라는 질문에 대한 우리의 대답이 계속 발전하고, 결과적으로 하나님이 참으

순례자가 순례자에게

로 어떤 분인지를 더 잘 알게 되기를 소망한다.

앞에서 언급했듯이, 하나님을 알아 가는 이 과정은 인식보다는 경험에 기반을 둔 것이다. 돌이켜 볼 때, 하나님에 대한 나의 지식은 대부분 절망적인 상황에서 어떻게 나를 구해 주셨는지, 때로는 분명한 응답으로, 때로는 침묵으로 나의 기도에 응답하신 것과 내가 받을 만한 자격이 없는 은총을 부어 주신 것 등을 통해 얻은 것이다. 즉, 내가 아는 하나님은 실제적인 나의 삶의 가운데서 개인적으로 경험한 하나님이다.

나는 종종 내가 경험한 하나님이 내가 성경에서 만난 하나님이며, 성경을 통해 내가 배운 하나님인 것을 확인할 수 있다. 동시에, 우리는 나름대로 하나님이 어떤 분이라고 **생각하거나** 더 나아가 하나님이 (인지적으로) 어떤 분이라고 **믿게** 되며, 이에 대해 성경이 말하는 바를 근거로 할 수 있다. 과거에는 그것으로 충분하다고 생각했지만 이제는 그렇지 않다는 것을 안다. 그것이 저절로 **하나님에 대한 우리의 개인적인 지식**(삶에 적용될 수 있는 지식)으로 전환되지는 않기 때문이다. 우리 모두는 각자의 세계관과 가치관을 갖고 있기 때문에 성경에 대한 이해도 어느 정도는 주관적일 수밖에 없다.

하나님이 어떤 분인지 이해하도록 이미 우리에게 성경이 주어졌다. 그런데 왜 구약의 하나님이 신약의 하나님과 근본적으로 일치하지 않는 것처럼 보일까? 모순과 불일치로 보이는 것을 어떻게 받아들여야 할까?

나는 여러 해 동안 정의와 질서를 유지하기 위함이라는 구실로 말로 다할 수 없는 폭력과 분노가 넘치시고, 증오의 화신처럼 행동하시는 구약의 하나님을 이해하려고 노력했다. 시간이 지나면서 나는 이러한 하나님을 믿지 않으려고 하는 나 자신(정확하게 말하자면 나의 영혼)을 보았다. 하나님에 대한 나의 경험과 전혀 일치하지 않았기 때문이다. 그렇다면 왜 구약 성경이 필요한가?[4]

'**하나님은 어떤 분인가?**'라는 질문에서 파생하는 질문 중 하나는 "**우리 하나님은 얼마나 크신가?**"이다. 크다는 말은 웅장하고, 근본적으로 관대하고 포용적이며, 범위가 헤아릴 수 없을 정도로 방대하다는 것을 의미한다. 우리가 가진 개념과 이미지에 하나님을 맞추고, 우리가 하는 일을 정당화하기 위해 하나님이 하시는 일을 제한한다면, 하나님을 옹졸하고 연약한, 뭔가가 부족한 분으로 만드는 것이다. 이것은 예수님이 우리에게 자신을 따르고 사랑하라고 가르치신 하나님이 아니다!

우리가 '하나님은 어떤 분인가'라는 문제와 씨름하다 보면 '예수님은 이 문제와 어떤 관련이 있으며 그분을 어떻게 생각해야 할까?'라

---

4 이것은 중요한 주제이기는 하지만 지금 다루는 주제에서는 벗어난 것이다. 그래서 이 주제를 다룬 최근의 책 세 권을 추천하는 정도만 하겠다. 피터 엔스의 「성경은 실제로 어떻게 일하는가」(*How the Bible Actually Works*), 리처드 로어의 「우리는 성경으로 무엇을 하는가?」(*What Do We Do With the Bible?*), 레이첼 헬드 에반스의 「다시, 성경으로」(*Inspired*, 바람이불어오는곳 역간)를 추천한다.

는 질문을 하게 된다. 나는 성경의 모든 말씀이 성령의 영감을 받아 기록된 것이지만 각 구절의 중요한 정도가 모두 같지는 않다고 생각한다. 나에게 예수님은 그 누구보다도 뛰어난 분이다. 심지어 현대인이 좋아하는 바울조차도 예수님과는 비교할 수 없다(나는 지금 바울의 글을 예수님의 입장에서[그 반대가 아니라], 이해해 보려는 시도를 하고 있다).

예수님은 이 세상에 계시는 동안 당시 사람들이 확고하게 갖고 있던 하나님에 대한 생각을 무너뜨리셨다. 그렇기 때문에 그 당시 종교 지도자들은 어찌할 바를 몰랐다. 그리고 결국 그로 인해 예수님은 십자가에 못 박히셨다.

예수님은 그 당시 사람들이 하나님에 대해 갖고 있던 지배적인 패러다임에 **도전**하고 그것을 **재해석**하셨다. 예수님은 하나님이 어떤 분인가에 대해 단번에, 그리고 더 이상 논란의 여지가 없도록 완벽한 그림을 보여 주셨다. 생각의 틀을 완전히 바꿔 놓은 급진적인 "산상수훈"을 통해, 예수님은 율법을 폐하려고 온 것이 아니라 이루려고 왔다고 말씀하시며 율법을 재해석하신 것이다. 그분은 우리가 어떻게 살 것인지에 관한 지침과 경고를 주셨다. 팔복은 그 말씀을 읽는 사람들의 마음을 흔들어 놓고, **그들에게 하나님의 나라가 임할 수 있다**는 예상치 못한 소망을 주기에 충분한 것이 된다.

예수님이 십자가에 달리시기 전 마지막 한 주간의 행적을 살펴보면 제자들과의 만찬으로 시작되는 것을 볼 수 있다(요 13장 참조). 예수님은 랍비로서 제자들의 발을 씻기시고 그들에게 서로 사랑하라고 하심으로 그들의 마음을 다시 흔들어 놓으셨다. 예수님에게 그것은 제자도의 참된 표지였으며, 모든 사람이 그분의 제자라는 것을 어떻게 알 수 있는지를 보여 주시는 것이었다. 예수님의 가장 놀랍고 멋진 가르침은, 구약 성경에 나오는 613개에(내가 실제로 세어 본 것은 아니다) 이르는 율법 전체를 (613개 율법에 담겨 있는 것을 한 가지만 약간 변경하여) 단 두 구절로 요약하신 말씀으로 나타났다.

> 네 마음을 다하며 목숨을 다하며 힘을 다하며 뜻을 다하여 주 너의 하나님을 사랑하고 또한 네 이웃을 네 자신같이 사랑하라(눅 10:27).

예수님을 따름으로써 우리는 예수님의 하나님을 체험하고, 예수님의 하나님이 우리의 하나님이 된다. 나에게는 이것이 예수님을 따르는 이유이다. 그것은 내가 갖고 있는 하나님에 대한, 지극히 불충분한 개념에서 완전하고 궁극적인 **하나님의 임재로** 옮겨 가게 해주기 때문이다.

때로는 강이 얼어 있을 때
내가 저지른 실수에 대해 물어보세요.
내가 살아온 삶이 곧 내 인생인지를 물어보세요.
_윌리엄 스태포드

내가
누구인지를
찾기 위한

치열한 탐구

의식하든 그렇지 않든 우리는 하나님이 어떤 분인지에 대한 이해를 바탕으로 우리 존재를 정의한다. 그렇다면 나는 누구인가?

이번 장에서는 우리가 어떤 존재인지에 대해 생각해 보려 한다. 우리는 우리가 행하는 것으로 규정되는 존재가 아니다. 소유에 의해 규정되는 존재도 아니다. 그리고 다른 사람이 우리를 어떻게 생각하는지에 따라 규정되지도 않는다. 우리가 가장 착각하기 쉬운 것은 우리가 만들어 가거나 계획해서 이루고자 하는 그 존재가 된다고 생각하는 것이다. 우리는 스스로 조성하여 만들어지는 존재가 아닌데 말이다.

'조성한다'는 것은 전적으로 자아를 만들어 가는 것을 의미한다.

어릴 때는 살아가기 위해서 이 원리가 필요했다. 이것 없이는 생존할 방법이 없었다. 아픔과 상처, 세상으로부터 오는 위험에서 우리 자신을 보호하고 방어하기 위해 배운 방법이다. 문제는 시간이 지남에 따라 그것이 "진짜 우리"로 위장한다는 것이다. 그것은 우리를 압도하여, 자아의 생존 전술이 더 이상 인생에서 효과가 나타나지 않을 때까지 진정한 자아를 덮어 버린다. 이것이 많은 사람이 "중년의 위기"라고 부르는 것인데, 중년의 위기라는 꼬리표는 적절하지 못한 것 같다. 그런 현상이 '중년기'에만 나타나는 것은 아니니까. 내가 보기에 그것은 사람들에게 더 일찍 타격을 주는 것 같고 그때 사람들은 좀 더 솔직하게 "벽에 부딪히는 것 같다", "바닥을 치는 것 같다", 즉 "모든 것이 무너져 버리는 경험을 하는 것 같다"고 말한다.

그렇다면, '나는 누구인가?'라는 질문은 나의 진정한 자아가 무엇인지를 묻는 질문일까? 우리의 진정한 자아는 하나님이 창조하신 의도에 따라 존재하게 된 것이라고 할 수 있다. 요컨대, 우리의 진정한 자아는 하나님이 주신 자아라는 말이다. 에고(거짓 자아)의 행동주의, 위장, 지배력 때문에 우리의 진정한 자아는 종종 깊숙이 묻혀 있다. 그러나 때때로 우리는 그것을 엿볼 수 있고, 그 본래의 아름다움에 완전히 매료된다. 그것은 하나님의 창조적인 아름다움이 순수하고 참되게 반영된 것이기 때문이다. 진정한 자아는 오로지 안전한 공간에서 시간이 지남에 따라 에고의 매력과는 구분되어 별개의 것으로 나타날 수밖에 없다. 선의로 그렇게 한다 할지라도 의지에 의해 만들어질 수는 있는 것이 아니다.

'나는 누구인가?' 하는 것은 태초부터 우리에게 **주어진** 것이다. 진정한 자아는 결국 그 존재를 행동으로 보여 주게 된다. 그 행동은 우리가 사랑하는 일을 하고 우리가 하는 일을 사랑하는 것이다. 고 (故) 허버트 알폰소 신부는 이러한 깨달음(이를 "개인적 소명"이라고 하는 사람들도 있다)의 과정이 "그 사람 자신의 구체적인 역사와 삶의 내적 역동성(즉, 내적인 힘의 움직임)에 의해 기록된다"고 하였다.[5] 알폰소는 계속해서 "개인적인 소명은 한 번 분별되기만 하면 그 사람이 인생의 모든 결정을 하는 데 **판단의 기준**이 되며, 일상의 세세한 결정에도 영향을 끼친다고 확신한다"고 하였다.

여기서 한 가지 주의해야 할 점이 있다. '나는 누구인가?'라는 질문은 모던과 포스트모던적인 개인주의에 의해 이루어지는 자기애적 추구와는 상관없다는 것이다. 창세기는 우리가 삼위일체 하나님의 형상대로 창조되었음을 분명히 말하고 있다(창 1:26 참조). 다시 말해, 우리는 태초에 관계적 존재로 창조되었는데 우선은 우리와 삼일일체 하나님과의 사이에서, 그 다음은 다른 사람들과의 사이에서 그렇게 살아가도록 창조되었다는 말이다. 우리는 결코 독처할 수 없는 존재로 창조되었다. 하나님은 우리가 홀로 지내도록 내버려 두지 않으시고 또 그렇게 할 생각도 없으시다. 우리의 창조 DNA는 그렇게 하도

---

5   이 주제에 대한 보석 같은 책인 허버트 알폰소의 「개인적 소명 발견하기」(*Discovering Your Personal Vocation*)를 인용했다.

록 내버려 두지 않는다. 우리는 서로 관계를 맺도록 창조되었다. 여기에 개인의 개별성과 공동체가 공존하는 최고의 역설이 있으며, 둘 중 어느 것도 절대로 소홀히 다루어지지 않는다. 그러므로 '나는 누구인가?'를 알아 가는 것은 개인의 개별적 깨달음에 의해 이루어지는 고립된 여정이 아니라 공동체의 여정이다!

2001년에 나는 존 엘드리지의 책 「마음의 회복」(Wild at Heart)에서 "하나님의 영광은 우리가 충만하게 살고 있음에 있다"라는 성 이레네우스의 구절을 처음 접했다. 나는 이 글을 어디에서 읽었는지 정확히 기억한다. 캘리포니아의 패서디나에 있는 집 근처 길모퉁이에 있던 스타벅스였다. 이 구절은 나에게 큰 충격으로 다가왔다! 나는 그 충격으로 책을 떨어뜨리고 몇 분 동안 멍하니 있었다. 처음에는 그 말이 의미하는 바를 어떻게 받아들여야 할지 몰랐다. 혼란과 충격이 동시에 나를 덮쳐 왔다. 그때까지 내가 갖고 있던 신학적 틀은 그러한 "사람(인간) 중심" 신학을 받아들일 수 없는 것이었다. 게다가 내가 살아 있는 것이 하나님의 영광과 직결된다는 생각에 충격받은 것이다. 그 시기에 나는 존 파이퍼 목사의 유명한 구절인 "예배가 존재하지 않기 때문에 선교가 존재한다"라는 말에 의지해서 내 삶을 꾸려 가고 있었다. 내가 하나님에게 영광을 돌리는 방법은 온 마음과 삶을 다해 선교에 참여하는 것이었다. 1988년부터 쭉 그래 왔다. 성 이레네우스 선언은 그때까지 내가 살아온 삶의 방식을 뒤흔들어 놓았다!

돌이켜 보면, 그것으로 인해 나는 그 이후 수년 동안 천천히, 그러나 끊임없이 엄습하는 혼란 속에 있었다. 종종 나는 상호 모순되는 것처럼 보이는 패러다임들 사이를 왔다 갔다 하면서 그것들을 연결하고 통합하려고 애썼다. 어쨌든 나는 그러한 내 모습에 만족하지 못하고 있었다.

2012년, 나는 프론티어 벤처스(Frontier Ventures, 이전의 U.S. Center for World Mission)의 대표직을 (다른 두 사람과 함께) 수락했다. 내키지 않았지만 하나님에게 온전히 순종하는 마음으로 그 직책을 맡았다. 프론티어 벤처스는 창립자가 소천한 이후에 흔히 발생하는 큰 혼란을 겪는 중이었고, 나는 무언가를 하지 않으면 안 되는 상황에 있었다. 얼마 지나지 않아 나는 새롭게 맡은 그 일로 인해 고통과 아픔을 느꼈지만, 그 고통과 아픔에 어떻게 대처해야 하는지를 모르고 있었다. 나의 '대처 메커니즘'(실제로는 나의 에고)은 전혀 도움되지 못했다. 나는 정말 크게 당황했고 살아남기 위해 무엇이든 붙잡으려고 애썼다. 서서히 굳어 가는, 무릎 깊이의 젖은 시멘트 속에 빠져서 꼼짝 못하는 느낌이었다. 그 이전에는 상당히 잘 빠져나가는 사람이었는데, 이번에는 그냥 굳어 버린 것이다.

내 인생의 '대처 메커니즘' 중 하나는 미래에 대해 여러 가능성과 선택지를 만들어서 현재에 고착되지 않도록 고통과 아픔을 피해 가는 것이었다. 그 당시 내가 자주 범하는 죄는 '폭식'이었다. 나는 음식을 즐기지만 그래도 지나치게 많이 먹지는 않았다. 그렇지만 나의 폭식은 아주 교묘하고 은밀하게 이루어지고 있었다. 무엇인가에 갇혀서 꼼짝하지 못한다는 것(또는 그런 상태에 있다고 느끼는 것)은 나에게 일어날 수 있는 가장 끔찍한 일이었다.

다행스럽게도 내 에고가 더 이상 나를 구해 주지 못했다. "최악의 시간이자, 최고의 시간이었다!"(찰스 디킨스가 「두 도시 이야기」[A Tale of Two Cities]에서 쓴 첫 문장의 순서를 바꾸어 보았다) 나는 내가 세상을 어떻게 헤쳐 살아왔는지를 돌아보고 재설정하는 법을 배우지 않으면 안 되었다. 그러면서 나는 내 에고의 덫을 더 잘 인식하고 내 진정한 자아를 천천히 발견해 나가기 시작했다.

나는 절망과 공포에 휩싸여 도움을 구하기 시작했다. 그때 내가 집어든 책은 리처드 로어의 「기독교적 관점의 에니어그램」(The Enneagram: A Christian Perspective)이었다. 나는 에니어그램에 완전히 몰입하여 내가 누구이며 어떻게 만들어졌는지를 이해하기 시작했다. 나의 제어되지 않는 상황 대처 방식과 생존 메커니즘이 어떤 것인지 있는 그대로 볼 수 있다. 그리고 겸손함과 연민을 갖고 나의 은사와 죄를 통합하는 법을 배우기 시작했다. (에니어그램이 무엇이며 그것이 나에게 어떤 영향을 주었는지에 대해서는 풀어 놓아야 할 것이 무척 많다.)

처음에는 은사와 죄 사이의 모순을 없애기 위해 필사적으로 노력하기보다는 그 모순을 통합해 보겠다는 생각이 직관에 반(反)하는 것 같았다. 그것은 모순을 통합해 보라는 초대이자 부르심이었다. 에

순례자가 순례자에게

고의 주요 생존 기능은 (은밀하게 또는 솔직하게 이루어지는 것과는 관계없이) 비교 및 대조를 통해 우월함을 향해 나아가고 어떤 대가를 치르더라도 승리하는 것이다.

우리는 개인과 그룹 및 문화 집단으로서 자신의 최선(은사 또는 강점)을 다른 사람의 최악(죄 또는 약점)과 비교하는 경향이 있다. 그러므로 예수님이 다른 사람을 판단하지 않는 것을 중요하게 말씀하신 것은 당연하다! 예수님은 놀라운 역설적인 말씀을 하셨다.

> 누구든지 제 목숨을 구원하고자 하면 잃을 것이요 누구든지 나를 위하여 제 목숨을 잃으면 찾으리라(마 16:25).

그분의 삶은 궁극적으로 십자가와 부활을 통해 바로 이 역설을 보여 주었다. 우리는 살기 위해서 죽어야 한다. 이 역설은 우리를 향한 예수님의 초청이다. 역설은 모순이 통합되고 변혁된 것이다. 역설은 예수님을 따르는 바로 그 중심에 있다. 그것이 없으면 우리는 확실성을 추구하는 인간이 만든 이원론적인 '저급한' 종교에 쉽게 빠져들게 된다.

내 삶 속에서 실천하는 두 가지 실제적인 방법은 정서적 투명함을 갖는 것과 현재의 순간에 머무는 것이다. 보통 나는 감정, 특히 부정적인 감정을 억누르며 살았다. 내 감정을 인식하는 법을 배우고 그

것을 그대로 받아들이며 (때때로 큰 소리로 나 자신이 들을 수 있도록) 정확한 말로 표현하는 것은 내가 인생을 제대로 살아가는 데 중요한 것이 되었다. 현재의 순간에 머문다는 것도 이해하기 쉽지 않았다. 이것은 정서적 투명함과 유사하게 지금 이곳에 오롯이 머무는 것이다.

내 마음은 종종 미래로 가서 방황하곤 한다. 현재 상황에서 도피하기 위해 자주 미래를 생각하곤 한다. 과거는 이전의 현재이고 미래는 상상 속의 현재이다. 하나님을 사랑하고 예수님을 따르는 것이 실제로 이루어지는 것은 **현재**뿐이다. 실제에 접근할 수 있는 것도 현재**뿐이다.** (약간 주제에서 벗어나는 이야기지만, 나는 종종 왜 예수님이 "진실로 너희에게 이르노니 너희가 돌이켜 어린아이들과 같이 되지 아니하면 결단코 천국에 들어가지 못하리라"[마 18:3]고 하셨는지 궁금했다. 아이들은 현재에 전적으로 충실하다. 현재에 충실할 수 있는 그 특성을 예수님이 칭찬하신 것은 영성이 현재에서만 나타날 수 있기 때문이다. 동물과 자연은 현재에 충실히 머무는 특성을 가지고 있다. 그들은 모두 현재에 충실하는 데 있어서 좋은 선생이다.)

내가 실천하고 있는 것 중에는 신체에 집중하는 것도 있다. 내 몸은 현재를 저버리지 않는다는 것을 배웠다. 신체 활동, 운동, 요가(약 1년 전에 시작했다)는 모두 큰 도움이 되었다. 몸은 철저히 현재에 뿌리내리고 있다. 내가 일주일에 한 번 농구하는 것이 아주 좋다고 생각하는 이유는 농구를 하는 동안은 미래에 대해 생각할 수 없기 때문이다.

내 진정한 자아의 소명을 발견하는 것으로 돌아가 보자. 내 소명에 대해 말로 표현하기는 아직 너무 성급하지만 어렴풋이 떠오르는 것은 공동체 안에서 사랑하는 능력을 키우고 싶은 사람들(특히 젊은 사람들)을 계발하는 것과 관련된 일이다. 그리고 그 일은 아내와 함께하고 싶다.

지금 우리가 '기독교'라고 부르는 것은
먼 옛날에 살던 사람들에게도 존재하였으며
인류가 시작될 때에도 분명히 존재하였다.

_아우구스티누스

예수님은

나의
록 스타

예수님은 '기독교인'이 아니었고 '기독교'라고 불리는 종교를 창시한 분도 아니다. 예수님은 **하나님과의 연합**을 추구하는 데 집중하는 체화된 영성을 사셨다. 철저히 하나님과의 연합을 이루려고 하셨다. 두말할 나위 없이 그랬다. 동시에 우리 자신과 다른 사람들, 그리고 피조물과의 연합이기도 했다. 그러나 아직도 이 세상은 연합의 영성이 어떤 것인지 제대로 이해하지 못하고 있다.

예수님은 어떤 한 문화나 종교에 매어 있으신 분이 아니고, 모든 인류의 주님이며, 모든 인간은 하나님의 형상을 따라 창조되었다. 따라서 예수님의 영성은 어떤 형태로든 모든 문화와 종교에 존재할 수 있고, 존재해야만 한다. 예수님의 영성은 모든 문화와 종교를 뛰어넘는다. 복음서의 이야기를 보면, 예수님이 이방인들에게 유대인처럼 되거나 유대인의 생활 방식을 따라야 한다고 요구하시지 않는다는 것을 알 수 있다. 우물가의 사마리아 여인에게 하신 예수님의 말씀에는 보편적인 메시지가 담겨 있다.

> 아버지께 참되게 예배하는 자들은 영과 진리로 예배할 때가 오나니 곧 이때라 아버지께서는 자기에게 이렇게 예배하는 자들을 찾으시느니라 하나님은 영이시니 예배하는 자가 영과 진리로 예배할지니라(요 4:23, 24).

그 여인은 사마리아 여인으로서 (자신의 문화와 종교를 떠나지 않으면서도) 예수님을 따랐고, 더 나아가 자신의 마을로 달려가 다른 사마리아인들에게 삶을 변화시킨 예수님과의 긴밀한 만남을 이야기해 주었다 (요 4:39-42 참조).

복음이 본격적으로 이방인에게 전파된 분수령은 사도행전 15장 예루살렘 공의회의 기록에 나타나 있다. 이 공의회는 이방인들이 자신들의 문화와 종교 안에서 예수님을 따를 수 있는 문을 활짝 열어 놓았다. 그 후 오랜 세월이 지나 종교 개혁이 일어났을 때 다시 한 번 유사한 일이 일어났다. 이를 계기로 사람들은 자신의 문화와 종교 안에 있으면서 예수님을 따를 수 있게 되었다. 더 이상 사람들은 '로마인'이 되어 라틴식의 사고방식과 생활 방식을 따를 필요가 없게 되었다.

나는 오늘날 또 하나의 '개혁'이 일어나는 것을 목격하고 있다. 오늘날 많은 사람이 제도화된 기독교와 여타 종교에서 멀어지고 있다.

사람들은 필사적으로 하나님과 자기 자신, 그리고 하나님이 지으신 다른 모든 피조물과 자신의 연합을 모색하는 '예수 영성'을 추구하고 있다. 나는 그리스도인이 된 후 처음 얼마 동안 믿음과 행동으로 나타난 위대하고 기적적인 삶을 통해 하나님을 섬긴 사람들의 전기를 아주 많이 읽었다. 이들은 히브리서 11장에 열거된 위대한 믿음의 영웅들과 다르지 않았다. 나는 그들의 믿음을 본받아 그들이 살았던 것과 같은 삶을 살기 위해 노력했다. 그렇게 하는 동안 나는 계속 낙심하고 불안과 좌절을 겪었다. 그러한 삶을 계속 이어 가지 못하거나 '사울의 갑옷'을 입고 있다는 느낌이 들었다. 거듭 실패하는 나에게 연민을 갖지 못할 뿐 아니라, 다른 사람들에 대해서도 노력하지 않았다고 비판했다. 셀 수 없을 정도로 많은 실패를 겪은 후, 나는 예수님이 나의 모델이면서도, 나 자신을 잃지 않고 추구해야 할 분임을 깨닫기 시작했다. 다른 모든 믿음의 영웅이 온전히 그들 자신이었듯이 나도 예수님을 본받으며 나 자신으로 살아야 함을 알게 되었다. 그리고 예수님은 내가 그렇게 되기를 학수고대하고 계신다는 사실도 알게 되었다. 이 깨달음이 내 마음에 혁명을 가져왔다.

예수님은 영적 개혁과 혁신에 절대적인 중심이 되셨다. 예수님을 따르지 않으면서 하나님과의 연합을 추구할 수는 없다. 예수님은 간결하지만 단호하고 분명하게 자신이 길이요, 진리요, 생명이라고 말씀하셨다! 더 나아가 예수님은 '어떻게 하면 하나님과의 연합을 이룰 수 있는가' 하는 점에서 우리의 본보기가 되신다. 요한복음은 하나님과의 연합에 대해 쉬우면서도 신비롭게 보여 주고, 또 상세히 설명하고 있다. 또한 요한복음은 예수님이 이 변혁적 여정을 어떻게 가셨는지를 보여 주며, 그것이 모든 이에게 적용되는, 누구 한 사람도 소외되지 않는 청사진임을 잘 나타내고 있다.

이러한 영성이 어떤 상황에서나 일정하게 적용될 수 있는 것은 아니다. 또한 일종의 틀로 모든 사람을 거기에 맞추어 똑같이 찍어 내는 것도 아니다. 인간이 된다는 것은 영적이 된다는 것이다. 그 역(逆), 즉 영적이 된다는 것은 인간이 된다는 것도 옳다. 진정으로 인간이 된다는 것은 우리 모두가 각자 누구도 흉내 낼 수 없을 만큼 독특한 존재라는 의미이다. 그러므로 우리가 계속해서 어떤 모습의 영성으로 빚어지는가는 모두 다를 수밖에 없다. 그와 동시에 우리의 영성은 모두 한 가지, 즉 하나님과의 연합을 지향한다. 우리가 서로 흉내 낼 수 없이 독특한 영성을 갖게 되고 경험하는 길은 하나님의 독특한 피조물인 우리 각자 모두를 이해하는 것이다. 우리가 서로 흉내 낼 수 없이 독특한 존재임을 발견해 보라는 하나님의 초청을 받아들이지 않는다면, 우리는 원초적인 선물을 주신 이를 부인하는 것이 된다. 또한 우리 자신으로부터 우리를 우리 되게 하는 선물과, 다른 사람들에게 그리고 하나님 나라에 주신 선물을 빼앗아 가는 것이 된다.

토머스 머튼은 다음과 같이 말했다.

우리 존재의 중심에는 죄와 착각으로 손상되지 않는 절대 무(無)의 지점, 순수한 진리의 지점, 우리 마음대로 어쩌할 수 없는 지점이 있다. 우리 생각이 만들어 내는 환상과 우리 의지의 무자비함이 접근할 수 없는 지점이다. 하나님이 우리 삶을 주관하신다는 것을 보여 주는, 전적으로 하나님에게 속한 섬광이 있다.

절대 무와 절대적 가난의 이 극히 작은 지점은 우리 안에 있는 하나님의 순수한 영광이다. 그것은 이른바 우리의 가난으로, 우리의 빈곤으로, 우리의 의존으로, 우리의 자녀 됨으로 우리 안에 새겨진 그분의 이름이다. 그것은 천국의 보이지 않는 빛으로 타오르는 순수한 다이아몬드와도 같다. 그것은 모든 사람 안에 있다. 우리가 그것을 볼 수 있다면 삶의 모든 어두움과 잔학함을 완전히 사라지게 할 태양과 같은 존재의 얼굴과 섬광에서 쏟아져 나오는 무수히 많은 점으로 이어진 빛을 보게 될 것이다. 나는 이것을 보기 위한 그 어떤 프로그램도 가지고 있지 않다. 그것은 단지 주어질 뿐이다. 천국의 문은 어디에나 있다.[6]

하나님과의 연합을 추구하는 것은 단순히 변화의 내적 여정이 아니다. 하나님과의 연합을 추구하는 것은 자연스럽게 세상에 대한 외적인 기여와 유익으로 나타난다.

---

6   토머스 머튼의 「토머스 머튼의 단상」(*Conjectures of a Guilty Bystander*, 바오로딸 역간)을 인용했다.

은혜는 영원히 지속되는 하나님의 온화한 계절이다.

황량한 겨울 속으로 봄날이 끊임없이 파고드는 것이다.

_존 오도나휴

Seoul(Soul)을
갖고 있는

혼란스러운
영성

2020년 1월 말, 나는 아버지의 임종이 임박하였음을 알게 되었다. 아버지는 지난 2년 동안 암으로 두 번의 큰 수술을 받으며 잘 견뎌 내고 계셨다. 아버지는 1930년생으로 암울한 일제 강점기를 겪으며 성장하셨고 한국 전쟁과 그 후의 혹독한 시기를 지나오셨다. 나로서는 짐작하기 어려운 시기를 살아오신 것이다. 아버지가 열여덟 살 때 할아버지가 돌아가셨다. 한국 전쟁이 발발하기 2년 전이다. 아버지는 7남매 중 장남이었기 때문에 가장이 되어 가족을 돌보는 무거운 짐을 지셨다. 대가족을 부양하기 위해 여러 사업을 하셨고, 안 해 본 일이 없었다. 아버지가 도전한 마지막이자, 가장 큰 사업은 서울 한복판에 지하상가를 만들고 운영하는 것이었다. 지금 서울에는 지하상가가 여러 곳에 있지만 1970년대 초반에 이것은 아주 새로운 사업 형태였다. 그러나 그 사업은 크게 실패하여 부모님은 1977년 미국으로 이주하셔야 했다.

아버지는 자신이 버는 돈으로 (한집에 함께 살면서) 대가족을 부양하셔야 했고 어머니는 열두 명이나 되는 대가족을 돌보며 가정을 꾸려가셔야 했다. 1963년에 내가 태어났을 때 증조할머니까지 우리 집에서 함께 살았다. 4대가 한 지붕 밑에서 함께 살았던 것이다. 그 와중에 한두 마리 개도 함께 살았으니…….

가족 모두 미국으로 이민 가는 것을 알게 되었을 때 나는 새로운 기회와 가능성에 대해 생각하면서 철없이 흥분했다. 이민은 마치 내 삶에 리셋 버튼을 누르는 것과 같았다. 그저 내가 한국 교육 제도에 잘 적응하지 못해서 더욱 그랬는지도 모른다.

우리 가족이 미국으로 이주한 후에 대부분의 이민자 가정처럼 부모님은 열심히 맞벌이를 하셨다. 그래서 나는 네 살 어린 여동생과 매일 저녁 늦게 부모님이 귀가하실 때까지 집에서 둘이서만 지내야 했다. 주일을 제외하고 일주일에 6일 동안 거의 매일 그렇게 지내곤 했다. 그때는 그렇게 지내면서 내 안에 어떤 일이 일어나고 있는지 잘 몰랐다. 나는 정서적으로는 전혀 성숙하지 못한 상태였다. 그냥 바쁘게 살았고, 친구들과 어울리며 이전에 누리지 못한 자유로운 삶을 산다고 생각했다.

돌이켜 보니 나는 그때 부모님과 더 **친밀**해지고 싶어 했다는 것을 뒤늦게 깨달았다. 나는 두 분에게 친밀감을 별로 느끼지 못하고 있었다. 이것은 결코 부모님이 잘못했다는 이야기가 아니다. 나는 두 분이 어려운 주변 환경과 힘든 상황을 헤쳐 나가기 위해 바쁠 수밖에 없었다는 것을 잘 안다. 나는 두 분에게 현실 파악을 못하는 원망과 분노를 전혀 품고 있지 않다. 두 분이 나름대로 가장 좋은 방법으로 나를 사랑하셨다는 것을 알기 때문에, 그리고 나는 그 사랑을 느끼며 성장했기 때문이다. 두 분은 단지 나에게 그런 필요를 (나는 나에게 그런 필요가 있는지 몰랐다) 한국에서만큼 다 채워 줄 여유가 없었을 뿐이다.

내 어린 시절의 숨겨진 아픈 경험 중 하나는 방임이었다. 부모님이 의도적으로 나를 무시하거나 방임하신 것은 아니었다. 두 분에게 결코 그럴 의도는 없었지만 내가 방임당한 아픔을 겪은 것은 사실이다. 그런 아픔을 이기기 위해 나는 때때로 미래에 이루어지기를 원하는 것과 가능성을 생각하곤 했다. 부모님에게 친밀감을 갖지 못한 아픔을 느끼지 않기 위해 나는 장시간 일에 몰두함으로써 현재와는 다른 미래를 꿈꾸곤 하였다.

이제 생을 마감하려는 아버지를 보면서 나는 부모님과의 친밀감을 가져 보려고 애쓰고 있다. 내가 바라는 친밀감이란 결국 남이 주는 것이 아니라 내가 갖게 되는 것임을 알지만, 나는 판단하려고 하거나 정죄함 없이 있는 그대로 현실을 받아들이고 있다. 친밀감을 느껴 보려는 나의 욕구를 채우려다 부모님에 대한 나의 기대로 인해 그분들을 꼼짝 못하게 할 수 있다는 것을 알고 있다. 이 점에 있어서 나는 입장을 바꾸어서 내가 아버지로서 친밀감에 대해 갖고 있는 생각이 나의 경험에 의해 제한된다는 것을 고통스럽게 인식하고 있다. 그리고 내 자녀들도 나에게 친밀감을 바란다는 사실과 나는 그 욕구를 제대로 채워 주고 있는지를 생각하면 마음이 아프다. 이러한 점에 있어서는 나도 할 말이 없는 셈이다.

토머스 머튼의 다음과 같은 예리한 말이 생각난다.

사랑의 시작은 우리가 사랑하는 그 사람들이 완벽하게 그들 자신이 되도록 하는 것이다. 그들을 우리가 갖고 있는 이미지에 끼워 맞추려 해서는 안 된다. 그렇게 하지 않는다면 우리는 단지 그들 안에서 발견하는 우리 자신의 투영된 모습을 사랑하는 것일 뿐이다.[7]

그렇다. 우리는 자신의 필요를 채우려는 욕구와 상관없이 부모님의 사랑을 받아들인다. 맹목적인 내적 요구는 자신의 유익을 위해 만든 이미지와 생각에 다른 사람들을 끼워 맞추어 그들을 숨 막히게 할 수 있다. 나에게 뼈아픈 교훈은, 내가 나의 상처와 아픔을 치유하기 위해 애쓰는 동안, 다른 사람들에게 억지로 나의 이기적인 필요를 채우도록 강요해서는 안 된다는 것이다. 그리고 이러한 과정을 통과

---

7   토머스 머튼의 『인간은 섬이 아니다』(*No Man Is An Island*, 성바오로출판사 역간)를 인용했다.

하며 나 자신을 정죄하지 않고 (존 오도나휴의 말처럼) "영원히 지속되는 온화한 계절"을 경험하고 싶다. 이렇게 혼란스러운 영성이 나의 삶을 이끌어 가고 있다.

내게 사는 것이 그리스도니

죽는 것도 유익함이라

_빌립보서 1장 21절

이제,

아버지를
기리며

아버지께서 천국의 이쪽 편에서 보낸 마지막 시간에, 나는 하나님에게 내가 무슨 말을 하고 어떤 기도를 하기 원하시는지 물었다. 하나님은 나에게 시편 23편을 보라고 하셨다. 나중에 알게 된 사실인데, 이점에 있어서 누이동생도 나와 같은 생각을 가지고 있었고, 어머니도 매일 시편 23편을 읽으신다는 사실을 알게 되었다. 나는 아버지의 침상 옆에서 시편 23편을 큰 소리로 읽으면서 아버지가 그것을 듣고 평안을 누리시기를 바랐다. (한국어와 영어의 몇 가지 다른 번역본으로) 몇 번 읽었을 때 메시지성경이 가장 눈에 띄었다.

하나님은 나의 목자! 내게 부족한 것이 없습니다. 주께서 나를 푸른 풀

밭에 누이시고 잔잔한 물가를 찾아 목을 축이게 하십니다. 말씀하신 대로, 나를 잠시 쉬게 하신 후 바른길로 인도하십니다(시 23:1-3, 메시지 성경).

하나님은 보이는 것과 보이지 않는 모든 일 가운데, 아는 것과 알지 못하는 모든 일 가운데 내 아버지의 목자셨다. 아버지는 **이제** 그 무엇도 부족한 것이 없으시다. '필요'라는 말은 더 이상 필요하지 않다. 그분이 계신 곳에서 '필요'라는 말은 그 무엇과도 관련 있는 말이 아니다. 아버지는 자연 속에서 지내는 것, 자동차 여행, 가족과의 캠핑, 하이킹, 낚시를 좋아하셨다. 특히 국립공원에 가는 것을 즐기셨다. 캠핑은 행복한 삶의 일부였으며 결국 내 DNA가 되었고, 자녀들에게도 물려 주려고 한다. 이제는 자녀들도 자연 속에서 지내는 것을 좋아하는데, 그러한 사실은 아버지에게 드리는 직접적인 찬사이기도 하다. 아버지는 푸른 초원에서 쉬며 잔잔한 샘에서 물 마시는 것을 즐겨 하실 것이다. 그것은 바로 아버지의 사랑의 언어이기도 하다! 아버지는 **이제** 숨을 몰아쉬지 않으셔도 된다. 그리고 하나님은 그를 바른 길로 인도하셔서 영원히 하나님과 함께 있게 하셨다.

내가 죽음의 골짜기를 지날지라도 두려울 것이 없으니, 주께서 나와 함께 걸으시기 때문입니다. 주님의 믿음직한 지팡이를 보니 내 마음 든든합니다. 주께서 내 원수들이 보는 앞에서 내게 성대한 만찬을 차려 주시고 축 처진 내 고개를 세워 주시니 내 잔에 복이 넘칩니다(시 23:4, 5, 메시지성경).

아버지는 인생의 최종적인 죽음의 골짜기를 통과하셨다. **이제** 선한 목자가 아버지 곁에 계시고 안위를 걱정하지 않게 해주시기 때문에 더 이상 두려울 것이 없다. 두려움은 선한 목자이신 주님 앞에서 초가 녹듯이 녹아 버린다. 아버지는 늘 지나칠 만큼 가족의 안위를 걱정하셨고, 가족을 안전하게 지키기 위해 애쓰셨다. 그 점에서 사소한 것 하나라도 빠뜨리지 않으려 애쓰셨고, 그러한 지나친 세심함이 나를 더욱 부담스럽게 할 때도 있었다.

몇 년 전, 아버지는 눈물 흘리시며, 젊어서 가지고 있던 꿈을 이루지 못한 안타까움을 나누셨다. 아버지는 의사가 되어 어려운 사람들을 돕고 싶으셨다고 한다. 그러나 열여덟 살(할아버지가 돌아가셨을 때)의 어린 나이에 대가족을 부양해야 하는 현실 앞에서 그 꿈을 포기해야 했다. 아버지를 잘 아는 내가 생각하기에, 아버지가 의사가 되셨다면 훌륭한 의사였을 것이다. 아버지가 가족에게 필요한 것을 충실하게 채워 주셨으니 **이제**는 그의 궁극적인 원수(죽음) 바로 앞에서 풍성한 잔칫상을 받으시고 **이제** 다시 그의 고개가 바로 세워져서 (우리가 **이제** 기뻐하고 있는) 그의 생명은 축복으로 넘칠 것이다.

내가 사는 동안 날마다 주님의 아름다움과 사랑이 나를 따르리니, 나,

하나님의 집으로 돌아가 평생토록 그곳에서 살겠습니다(시 23:6, 메시지 성경).

나는 아버지에게 사랑한다고, 나의 영웅이라고 말했다. 완벽한 인간이고 완벽한 아버지여서가 아니다. 아버지는 불완전함에도 가족을 최우선으로 생각하고 우리에게 최선을 다해 사랑하는 것이 무엇인지 본을 보여 주신 분이다. 아버지를 생각하면 늘 관대함과 책임감이 먼저 떠오른다. 나는 **이제** 희미하지만 하나님의 아름다움과 사랑이 아버지의 삶에 매일 함께했다는 것을 깨닫는다. 그는 아름다운 삶을 사셨다! 그리고 그는 **이제** 하나님이 계신, 본향으로 돌아갔다.

이 시대가 주는 큰 유혹은
사람들이 실제로는 선하지 않으면서도
선한 것처럼 보이고 싶어 하는 것이다.
_브레넌 매닝

선물 경제로서의

복음

고통을 겪는 사람들을 위로하고, 스스로 잘 살고 있다고 생각하는 사람들을 고통스럽게 하는 것, 이것이 예수님의 사명 중 하나였다. 성경 전체를 이런 식으로 읽을 수 있다. 문제는 누가 고통받고 있는가 또는 누가 편안한가가 아니다. 우리 모두는 고통과 편안함 두 가지를 다 겪는다. 이 모순된 진리는 우리 삶뿐 아니라 모든 인간의 삶에 나타난다. 어떤 순간에는 내가 고통받는 사람들 중 한 명이라면, 또 어떤 순간에는 편안한 사람들 중 한 명이라는 사실은 성화를 향한 여정을 어려우면서도 혼란스럽게 한다. 나는 이것이 예수님이 우리에게 다른 사람을 판단하지 말라고 경고하신 이유가 아닐까 생각한다. 판단은 나의 고통스러운 상태를 다른 이의 편안한 상태와 비교하는 것으로 쉽게 바뀔 수 있고, 이는 곧 다른 이들을 정죄하는 것으로 이어진다. 우리 모두가 **둘 다** 겪고 있다는 사실을 인정하면, 우리는 자신의 영혼뿐만 아니라 다른 사람에게도 긍휼을 가질 수 있다.

몇 년 전, 나는 어느 전국 선교 대회에서 당시 내가 섬기고 있던 조직을 대표하여 짧은 환영 인사와 메시지를 전해 달라는 요청을 받았다. 메시지 내용은 자세히 생각나지 않지만, 메시지를 전하는 도중 내가 제대로 발음하지 못하는 한 단어 때문에 진땀 흘린 것은 기억한다. 당황하고 초조해서 그 단어를 제대로 발음하지 못한 채 메시지를 마치게 되어 무척 안타까웠다. 내가 전한 메시지는 청중에게 큰 호응을 받지 못한 것 같았다. 그러고 나서 주강사가 콘퍼런스 내내 여러 번 메시지를 전했다. 나는 강박적으로 주강사와 나를 비교하기 시작했다. 그는 명성을 얻었지만 나는 아무도 기억해 주지 않는 존재가 되어 대회를 마치게 된 것 같았다. 그리고 과거에는 나도 '최고로 멋지게' 메시지를 전한 적이 있다는 것을 생각하며 스스로를 위로하려고 애썼다.

앞에서 언급한 것과 같은 예수님의 사명은 자연스럽게 (더 정확하게는 강력하게) 인간의 통치 시스템과 패러다임, 용인되는 조직의 규범, 그리고 현실을 인식하는 근본적인 방법으로 흘러 들어가야 한다. 현대인의 삶을 구성하는 이러한 체계적인 방식은 리처드 로어가 '선물 경제'와 대비하여 "공로주의 경제"라고 부르는 신념으로 나타나는데, 이러한 신념은 종종 의심의 여지 없는 확고한 것으로 받아들여진다.

순례자가 순례자에게

로어는 공로주의를 자본주의와 동일시하며 다음과 같이 말했다.

첫 번째 경제는 자본주의인데, 이는 대가성, 보상과 처벌 사고, 그리고
정의에 대한 보복적인 개념에 기초하고 있다. 이 정도의 서비스나 제
품은 이 정도의 대가 지불이나 보상을 필요로 한다는 생각이다. 그것
은 곧 삶의 모든 면을 지배하는 **전체적인**(나는 정말로 전체적이라고 생각
한다!) 프레임이 된다. 즉, 우리의 근본적인 관계(결혼과 자녀들까지도), 기
본적인 자아상('나는 마땅히 받을 자격이 있다. 당신은 나에게 갚을 것이 있다.
또는 나에게 도움이 된다면 선하고 관대하게 대할 것이다'라는 생각), 그리고 잘
못된 기초 위에서 이루어진 하나님과의 관계에 지대한 영향을 미친다.

로어는 계속해서 선물 경제를 묘사한다.

이제 우리가 위대한 전환을 할 수 있고 그것을 이해할 수 있는 유일한
방법은 적어도 한 번은 우리가 수고한 대가로서가 아니라 그냥 받는
경험을 하는 것이다. 용서, 무조건적인 사랑, 긍휼이라고 부르는 것이
그런 것이다. 한 번이라도 우리가 수고하지 않고, 아무런 자격 없이 받
게 되는 사랑을 경험하지 않는다면 우리는 2+2=4의 자본주의 세계관
에서 벗어나지 못할 것이다.[8]

8   '행동과 관상 센터' 홈페이지에서 리처드 로어의 '일일 명상' 글을 참고하라.
      (https://cac.org/daily-meditations/the-gospel-economy-2019-11-24/)

아시아에서는 이러한 공로주의 경제를 호혜주의라고 부르는데, 이 표현이 덜 가혹하고 부드럽게 들린다. 그러나 결국 호혜주의의 껍데기 속에는 강한 대가성 사고방식이 자리하고 있다(이것은 우리 모두가 공로주의 문화에서 높이 평가하는 공정성뿐만 아니라 호혜주의 문화 내에서 나타나는 일종의 조화로운 아름다움을 무시하는 것이 아니다).

정말로 복음 경제라는 것이 있다면 바로 이것이다. 예수님은 우리가 선물 경제의 원리가 작동하는 삶을 살기를 원하신다. 그러나 나는 아직도 선물 경제가 낯설다. 나는 내가 존귀하고 중요한 사람이 되려면 대가를 지불하고 획득해야만 한다는 생각을 버리지 못하고 있기 때문이다.

순례자가 순례자에게

예수님의 죽으심은 신약 성경의 핵심적인 주제이며,
그것은 이 세상의 사람들로 하여금 '지옥'을 피해
'천국'으로 갈 수 있도록 구원하기 위한 것이 아니라,
강렬한 혁명, 즉 이 세상 내부에서 새로운 형태의 능력으로 충만한 혁명이었다.
이러한 혁명으로 변화된 사람들이 이 세상에서 그들 스스로를 내어 주는
헌신적인 사랑의 능력을 펼치게 된 것이다.
이것이 성금요일에 시작된 혁명의 핵심이다.
_톰 라이트

거꾸로
뒤집어진

나라

이런 생각을 해 본 적이 있는가? 인생에 역설과 모순이 없고 명료함과 확실성만 있다면 어떻게 될까? '역설'(paradox)이라는 용어는 '기대, 기존의 믿음, 또는 용인된 의견과는 반대'라는 뜻의 그리스어 'para-doxon'에서 유래한 것이다. 역설의 또 다른 정의로는 '자기 모순적이거나 터무니없어 보이지만 현실에서는 가능한 진실을 표현하는 진술'이라는 것도 있다. 나는 역설에 관한 다양한 발언 중 "올바른 진술의 반대는 거짓된 진술이지만, 심오한 진리의 반대는 또 다른 심오한 진리일 수도 있다"라고 한 노벨 물리학상 수상자 닐스 보어의 말이 마음에 든다. 양쪽 모두 진리일 수 있다는 가능성은 둘 중 하나만 진리라고 보려는 단순한 마음을 어리둥절하게 한다.

예수님이 우리에게 비유로 말씀하시지 않았다면 어떨까? 내가 생각하기에 예수님의 비유는 대부분 역설적이다. 예수님이 가르치신 하나님 나라는 분명히 기대, 기존의 믿음, 또는 용인된 의견과는 반대이기 때문인데, 만약 이러한 이유가 아니라면, 예수님의 메시지에 역설과 반전이 넘쳐 나는 이유가 무엇일까? 예수님의 이러한 방식을 어떻게 이해하고 여기에서 우리는 무엇을 배워야 할까?

앞서 언급했듯이, 예수님이 묘사한 하나님 나라는 역설로 가득차 있다. 예수님이 하신 가장 어렵고 심오한 역설적 말씀 중 하나는 "누구든지 제 목숨을 구원하고자 하면 잃을 것이요 누구든지 나를 위하여 제 목숨을 잃으면 찾으리라"(마 16:25)는 말씀이다. 이 직관에 반(反)하는 지혜의 보석은 사복음서 모두에 나타나는데 (마 10:39, 16:25; 막 8:35; 눅 9:24; 요 12:25) 이런 경우는 매우 드물다. 예수님은 "인자가 온 것은 섬김을 받으려 함이 아니라 도리어 섬기려 하고 자기 목숨을 많은 사람의 대속물로 주려 함이니라"(막 10:45)는 말씀대로 행하셔서 자신의 목숨을 잃으셨으며, 이는 그 메시지를 그대로 구현하신 것이다.

하나님 나라에서는 "우리가 낮아져야 높아질 수 있다"는 말은 "목숨을 잃어야 목숨을 찾을 수 있다"는 말의 또 다른 표현이다. 13세기와 14세기 도미니크 수도회의 신비주의자이자 신학자였던 마이스터 에크하르트는 우리가 더하기가 아니라 빼기에 의해 영적으로 성숙한다는 유명한 말로 이 진리를 설명했다. 우리는 잊음으로써 배우고, 내려놓음으로써 얻는다.

2022년 봄, 한국에 왔을 때 우리 부부는 은퇴하시고 남해에서 지내시는 어느 목사님 부부를 방문하게 되었다. 우리가 아주 존경하는 분들이다. 목사님은 로스앤젤레스 근교에 한인 교회를 개척하셔서 20년 동안 성공적으로 목회하셨다. 이제 은퇴하신 지 10년이 지났는데 그간 중국에서 젊은이들을 부모처럼 양육하는 사역을 하시다가 남해에 정착하신 것이다. 지금 두 분이 하시는 일은 한 번에 한 사람씩 돌보는 일, 즉 그분들 앞에 있는 '한 사람'에게 온전히 집중하는 것이다. 그분들은 '내려감'으로써 '올라가는' 일을 몸소 실천하고 계셨다. 두 분의 삶은 자신의 의미를 드러내는 것이 아니라, 그들을 방문하는 이들의 의미를 드러내는 삶이다. 두 분은 맛있는 식사를 몸소 준비하고 이야기를 깊이 경청하며 (어떤 답을 주려 하지 않고) 그냥 그들 옆에 있어 주신다. 이 두 분은 단순함에서 우러나는 관대함을 몸소 보여 주시며 살아가시는 것이다.

리처드 로어는 현명하게도 우리를 크게 변화시킬 수 있는 두 가지가 있다고 말했다. 그것은 큰 사랑과 큰 고통이다. 낮아지고, 목숨을 잃고, 내려놓는 모든 것은 고통에 관한 것이다. 스스로 낮아져서 고통으로 가는 길은 예수님이 가신 길이며, 예수님은 우리에게도 지금 자신의 뒤를 따르라고 초청하신다. 고통을 받아들이는 사람들은 고통받는 다른 사람들을 이해할 수 있으며 치유와 변화를 이루는 사람들의 공동체를 만들 수 있다. 하나님 나라는 이 역설적인 낮아짐으로 다스려지고 앞으로도 계속 그럴 것이다. 세상은 이 진리를 결코 이해하지 못한다. 하나님 나라는 권세가 아니라 겸손함으로 임한다. 오늘날 제도화되고 힘을 가진 종교로서의 기독교에서는 그러한 모습이 잘 보이지 않는다. 많은 기독교인은 모든 일을 '옳은 것'과 '잘못된 것'으로 구분하는 것이 맞다는 믿음을 바탕으로 세상을 살아가려는 강박을 가지고 있다. 이는 폐쇄적인 사고방식이며 '둘 중 하나만' 식의 접근법이다. 예수님이 가르치시고 몸소 구현하신 하나님 나라의 진실성은 이러한 '둘 중 하나만' 식의 직관과는 대비된다. 따라서 이러한 직관은 그 진실성에 큰 해를 끼치는 것 같다.

하나님은 왜 역설을 허용하실까? 하나님은 왜 진리를 역설적으로 말씀하실까? 하나님은 왜 우리에게 추호의 모호함도 없을 만큼 명확하고 확실하게 말씀하시지 않을까? 이 질문에 대한 나의 생각은 다음과 같다.

- 역설을 선택하는 것은 삶의 지혜와 분별력이 우리가 아니라 하나님에게서 나온다는 것을 의미한다. 그것은 우리의 유한한 논리적 사고가 하나님의 무한한 지혜에 궁극적으로 의존할 수밖에 없다는 것을 보여 준다. 그리고 우리가 사물의 이치를 밝혀야 한다는 부담을 갖지 않아도 되게 한다. 이는 또한 모든 지혜의 근원 되시는 하나님을 주목하게 한다. 그렇게 하는 것이 믿음으로 행하는 것이다. 윌리엄 존슨은 이를 "믿음은 겸손함으로 역설을 받

순례자가 순례자에게

아들여 영혼의 깊은 영역으로 들어가는 돌파구"[9]라고 표현했다.

- 역설은 가혹하고 어쩌면 치명적일 수 있는 판단을 하거나 서로에게 말할 수 없는 해악을 끼지는 것으로부터 우리를 구하시려는 하나님의 뜻을 보여 준다. 그것은 인류가 어떤 일을 자신의 방식으로 해결하려고 애쓰지 않아도 되게끔 하시려는 하나님의 자비로운 역사다.

- 우리가 미성숙하고 유치한 것처럼 '양쪽 모두 진리'인 것을 추구하는데, 이러한 우리에게 역설은 삶을 다스리고 인도할 자유를 주시려는 하나님의 열망을 보여 준다. 이를 통해 우리는 하나님이 인류에게 주시는 선물인 자유를 그 정도로 중요하게 생각하신다고 확신할 수 있다.

- 역설은 우리 모두를 무질서로 인해 당혹스럽게 만들고 혼란에 빠트려서 동등한 위치에 놓이게 한다(역설을 역설로 받아들이는 경우). 따라서 역설은 우리 삶에서 다시 질서가 잡히고 통합이 이루어지기 바라는 자연스러운 욕구를 만들어 낸다. 무질서가 없으면 다시 질서를 잡는 일이 생기기 때문이다. 다르게 표현하면, 우리는 삶에서 실제적인 역설과 씨름하는 법을 배우면서, 종종 '원래의' 역설에 숨겨져 있던 더 큰 또는 더 근본적인 진리를 알게 된다. 우리는 자신과 다른 사람들에 대하여 더 관대하고, 더 부드

---

9   윌리엄 존슨의 「그리스도인의 참선」(*Christian Zen*, 분도출판사 역간)을 인용했다.

럽고, 더 은혜로 넘치게 된다. 리처드 로어는 질서와 혼란을 경험하고 다시 질서를 잡는 것을 중요한 삶의 필수 단계로 인식하면서 이렇게 말했다. "어느 한 쪽으로 너무 많이 치우치면 지나치게 의롭거나 지나치게 회의적이고 냉소적인 자신을 발견하게 된다. 건강한 중간이 있을 것이다. 우리에게 필요한 빛과 필수적인 어둠을 모두 붙잡으려고 애쓰는 동안 그 건강한 중간을 찾게 되기 바란다."

- 파커 파머는 역설은 모순이 통합되고, 변혁이 이루어진 것이라고 말했다(내가 풀어 쓴 것이다). 건강하고 성숙한 영성은 '둘 중 하나만' 보다는 '둘 다 모두'에 가깝다. 이런 맥락에서 역설은 종종 우리에게 언뜻 보기에는 모순된 것처럼 보이는 '둘 다 모두'의 특성을 숙고하게 하고 둘 다 모두에서 진리를 발견하도록 가르쳐 준다.

- 역설은 보이지 않는 것을 볼 수 있도록 우리를 훈련시킨다. 역설을 받아들이면 이 땅에 하나님 나라가 깊고 넓게 스며들어 있는 것을 볼 수 있는 영적인 눈을 갖게 된다. 보이지 않는 것을 보게 하는 이 열쇠는 우리가 보이는 것을 제대로 보지 못하는 문제의 해결책이 된다.

끝으로 세상의 가르침을 거꾸로 뒤집는 하나님 나라의 진리의 특성은 역설적일 수밖에 없다는 것을 말하고 싶다. "어린아이들과 같이 되지 아니하면 결단코 천국에 들어가지 못하리라"(마 18:3)와 "원수를 사랑하라]"(마 5:44)와 같은 가르침은 분명 세상과는 전혀 다른 시각과 삶의 방식이다. 따라서 세상과는 대척점에 서 있고, 심지어 종교적인 그리스도인들의 세상과도 대비되는 하나님 나라는 역설 위에 자리 잡을 수밖에 없다. 이 외에 다른 방법은 없다.

모든 일을 통하여, 모든 상황에서, 모든 곳에서, 항상 하나님을 생각하고
그분에 대한 지식을 더 많이 갖기 위해 애쓰는 것보다 중요한 일은 없다.
이러한 지식은 다른 것들로부터 얻는 것과 아울러 성경으로부터 얻을 수 있다.

_빈센트 반 고흐

확실함과
확신을

뛰어넘는
사랑

대학 신입생일 때 누군가 나에게 그림 하나를 보여 주면서 복음을 전한 적이 있는데, 그 그림은 널리 알려진 '다리 그림'이었다. 하나님과 나 사이에 큰 간격이 있고 그 간격을 건너갈 수 있게 해주는 유일한 다리는 예수님뿐이라는 것이다. 나는 그 전도자의 열성과 확신에 찬 모습에 조금 감동을 받았다. 그가 제시한 내용은 빠져나갈 방법이 없을 만큼 빈틈 없이 완벽했다. 그러나 빠져나가기의 달인인 나는 그가 기대하던 '죄 고백 기도'를 끝내 하지 않았다. 그런 내가 결국 복음에 응답하게 된 것은 대학 기숙사에서 함께 살던 그리스도인 형제자매들이 삶으로 보여 준 사랑 때문이었다. 나는 "바로 저 사랑이 내가 원하고 나에게 필요한 것이야"라고 스스로에게 말하였다. 그렇게 되기까지 나는 여러 해 동안 쾌락과 파티에 빠져 있었다. 결국 나는 '죄 고 백 기도'를 하기는 했지만, 흔히 하듯 다른 사람의 기도를 따라하는 방식은 아니었다. 그 당시 나의 상태와 내가 필사적으로 하나님을 알 기 원하던 상황을 그대로 인식하면서 그 기도를 드렸다. 이것이 1982 년 4월 22일에 일어난 일이다. 이 기도 이후 이전과는 완전히 다른 방 향을 향하게 하는 철저한 회심이 일어났다.

그리스도인이 되고 나서 처음에는 내가 다니던 교회의 제자훈 련 프로그램에 열중하였다. 나는 그 훈련을 대단히 진지하게 받아들 였고, 교회는 그저 내 삶의 일부분이 아니라 **내 삶의 전부가 되었다.** 돌이켜 생각해 보면 그때가 나에게는 '확신'과 '확실성'이 지배하던 시 기였다. 나에게는 질문할 시간이나 공간이 없었다. 마치 누군가 내가 갖고 있던 질문을 모두 알고 있고 그에 대한 대답도 이미 마련해 둔 것처럼 생각되었다. 나는 그저 그것이 새로운 규범이라고 받아들였 고, 마음 깊이 갖고 있던 진짜 질문은 어떻게 해야 할지 잘 몰랐다. 삶 과 성경, 그리고 하나님에 대한 질문들이 그러한 것이었다.

나는 캠퍼스와 거리에서 복음 전하는 일에 열정을 가지고 참여 하며 그곳에서 지도자 역할을 하였다. 그것은 내 삶의 근간이 되었던 확신과 확실성에 뿌리를 둔 것이었다. 선교는 이러한 확신과 확실성 을 가진 열정에서 나온 자연스러운 진전이었다. 나는 다른 사람들도 나와 같은 믿음과 열정, 확신을 가져야 한다고 생각했다. 나에게는 그 것이 전도와 선교였다.

현대인들은 우리와 그들 사이를 구분하고 확실한 선 긋기를 원한다. 종교로서의 기독교는 확실성이 필요하다고 주장한다. 모든 사람이 (그냥 4면이 벽으로 둘러싸인 것이 아니라) 명확한 경계가 필요하다고 생각한다. 누가 우리 편이고 누가 그렇지 않은지 구분하기를 원한다. 지금 생각해 보면, 참 두려운 일이지만 나는 그런 식으로 우리 세대에서 열성적이고 과격한 지도자가 된 것이 아닌가 한다.

그동안 나는 하나님과 세상 중에서 하나를 선택해야 한다는 요구를 받았다. 나는 "세상에 있지만 **세상에 속하지 않는다**"는 것을 거듭 상기하게 되었다. 나는 세상에 속하지 않는 데에 지나치게 집중하였고, 나의 신학의 기초가 형성되던 시기에는 내가 세상 **안에** 존재한다는 것이 무엇을 의미하는지를 미처 깨닫지 못했다. 세상에 속하지 않는다는 생각이 세상 **안에** 있는 존재를 지배하고 덮어 버렸다. 교회는 하나님이 계신 곳이었고, 하나님은 이 세상을 억지로 그분의 영역이 되도록 할 수 없으시다고 생각했다(왜 그런지는 모르지만). 오랜 시간이 지난 후, 나는 아주 심오한 영적 경험을 하고서 모든 것에서 하나님을 찾고, 하나님 안에서 모든 것을 찾는 것을 대단히 중요하게 생각하게 되었다. 살아오면서 경험한 것에 대해 의심이 없지만 그 의미에 대해서 확신하지 못할 때는 어찌해야 할까?

나에게는 나름대로 확신과 확실성을 **이루어 가고 있는 것들**이 상당히 많아졌지만 과거에 그런 것처럼 그런 것들을 가지고 다른 사람들을 비판하는 일은 하지 않게 되었다. 물론 이러한 것들은 여전히 나의 영혼 속에 계속 형성되어 가며 더 뚜렷해지고 있는 중이다. 그리고 나의 영혼은 그러한 것들을 어떻게 하면 큰 울림이 생기는 방식으로 깨달을 수 있을지 배우고 있다. 대체로 나의 확신과 확실성은 어떤 도그마나 교리를 주장하는 것과는 별로 관계없고 믿음을 바탕으로 한 시스템과도 거리가 멀어졌다. 오히려 하나님이 어떤 분인가에 대해 내가 경험한 것과 관련 있는 경우가 많다. 객관적인 것을 추구하기보다는 주관적이 되었다고 할 수 있다(현대 정신의 핵심인 객관주의와 합리주의는 과대평가되었다고 생각한다). 나에게 이것은 신비주의의 정의 중 하나이다. 우리 모두는 하나님을 독특하고 다르게, 동시에 보편적으로 경험한다.

내가 하나님을 보는 눈과 하나님이 나를 보시는 눈은 같은 눈이다. 나의 눈과 하나님의 눈은 하나의 눈이며 같은 것을 보고, 알고, 사랑하는 눈이다. 내가 점점 확신하는 것 몇 가지를 말해 보겠다.

• 나는 **하나님의 형상**대로 지음받았다. 이것은 모든 인류에게 적용되는 진리다. 이 세상(모든 인간과 모든 피조물)을 포용하는 확실한 방법 중 하나는 나 자신을 하나님의 놀라운 피조물로 받아들이는 것이다. 사도 바울은 에베소서 2장 10절에서 우리가 그의 '걸작품', 헬라어로는 '포이에마'(ποιημα)라고 하였다(이 단어에서 시[詩]를 의미하는 영어 'poem'과 'poetry'가 파생되었다). 바울은 로마서 1장 20

절에서 하나님이 만드신 놀라운 모든 피조물(우리 모두를 포함한 것이 분명하다)을 가리키는 말로 또 한 번 같은 단어를 사용하였다. 바울은 창조 이야기에 깊은 감명을 받은 것이 분명하다! 우리 인간을 포함한 하나님의 걸작품인 모든 피조물은 독특하고 놀라운, 살아 움직이는 시(詩)다. 이 시는 하나님을 찬양하는 것으로 이를 통해 성화가 표현된다. 이에 관하여 내가 즐겨 인용하는 토머스 머튼의 글이 있다. "내게 있어서 성자가 된다는 것은 나 자신이 된다는 것을 의미한다. 그러므로 성화와 구원은 사실 내가 누구인지 알아내고 나의 진정한 자아를 발견하는 것이다."[10]

• 나는 또한 **죄인**이다. 그것도 가장 나쁜 괴수다. 우리 모두가 그렇다. 우리는 해서는 안 될 짓을 하고 꼭 해야 할 일은 하지 않는다. 우리의 에고는 그것이 진짜 나라고 생각하고 삶을 자기 뜻대로 꾸려 가려 한다. 우리의 에고가 작동하는 패턴을 자신에 대한 정죄함 없이 알아 가는 것은 매일의 은혜가 어떻게 우리를 이끌어 가는지를 궁극적으로 시험하는 장(場)이 된다.

• 나는 성자(하나님의 형상, 즉 사랑으로 지음받은)이면서 **동시에** 죄인이기도 하다. 리차드 로어는 어떻게 원죄 이전에 원축복이 있었는지를 이야기하였다. 나는 성자이면서 **동시에** 죄인이다. 나의 성자 됨과 죄인 됨은 동전의 양면 같은 것이다. 나는 나의 성자 됨

---

10   토마스 머튼의 『새 명상의 씨』를 인용했다.

이 나를 죄로 인도하지 않도록 그 성자 됨을 감히 자랑하지 않겠다. 다른 한편으로 나는 나의 죄인 됨이 나의 성자 됨에 해를 끼치지 않도록 그 죄인 됨을 감히 정죄하지 않겠다. 이 성자 됨과 죄인 됨이 공존(이것은 참으로 오래된 인간성의 모순이다)하는 역설을 그 각각에 대해 자만심이나 정죄함 없이 받아들인다. 이렇게 하는 것이 우리는 그저 죄인일 뿐이라는 도그마로, 어느 한편을 일방적으로 편드는 것보다 인류를 위해 더 건강하고 견고한 성경적 기초를 놓는 것이다. 겸손과 자기를 불쌍히 여기는 마음은 분명한 영적 활동이 된다.

- 하나님은 **사랑**이시다. 사랑은 참으로 죽음보다 강하다. 하나님의 사랑은 소유나 통제가 아니기 때문에 그분의 사랑은 자유에 기반을 두고 있다. 그래야만 한다. 그분은 전능하시다. 그러나 그분은 절대 강제로 자신의 뜻을 이루시지 않는다. 예수님이 인내심을 갖고 우리 영혼의 문을 두드리는 모습을 상상해 보라! 그의 능력, 지혜, 거룩한 개입, 그리고 이생과 다음 생에서 우리를 향한 그분의 모든 행동은 그분의 변함없는 사랑을 통해 걸러지고 나타난다. 그의 사랑은 결코 단 한 번도 실패하는 법이 없다. 바로 이 사랑으로 인해 우리는 그분의 부르심에 "예"라고 말하고 모든 사람에게 기꺼이 그 사랑을 전달하는 도구가 된다. 우리가 사랑하는 이유는 그분이 먼저 우리를 사랑하셨기 때문이다.
- 인간을 사랑하시는 방법에 있어서 예수님은 여러 방법(수십억 가지

방법이라고 해야 할까)이 있지만 하나님에게는 한 가지 방법밖에 없다. 예수님은 예외 없이 모두를 초청하셨다. 몇 가지 예를 들자면 사마리아 여인, 로마 군대의 백부장, 이방인, 바리새인, 종교 지도자들, 가난한 사람들, 어린아이들, 죄인들(자신이 죄인이라는 것을 알고 있는 사람들)을 부르셨다. 예수님은 자신이 의롭다고 생각하여 죄인으로 생각하지 않는 사람들은 거칠게 대하셨고 적대적인 태도를 보이셨다. 모두 각자의 배경과 문화(종교 포함)에 그대로 머물러 있으면서도 예수님을 따르고 사랑할 수 있었다. 지금도 그렇고 앞으로도 그래야만 한다. 나는 사회적, 정치적 제약 때문에 그들의 다양한 문화적, 종교적 배경에서 벗어나지 않으면서도 예수님을 따르고 사랑하는 사람들을 알고 있다.

- 가장 중요한 것은 **지금** 하늘에 있는 것처럼 이 땅에 임하는 하나님 나라라는 실제이다. 나는 이것을 "큰 현실"(Big Reality)이라고 부르려 한다. 그 밖의 모든 것은 나와 세계가 큰 현실에 대해 관심을 갖지 못하게 하려는 환상에 지나지 않는다. 영성의 주된 임무는 환상과 현실을 분별하고 환상의 지배를 받지 않고 현실을 바탕으로 작동하는 것이다.

우리 가족은 알래스카의 황량하게 펼쳐진, 거친 언덕에서 야생 블루베리를 딴 적이 있다. 그때 우리는 곰들이 좋아하는 간식을 놓고 그들과 경쟁하고 있다는 것을 확실히 알게 되면서 하나님을 경험했다. 나는 바로 그 땅에 발을 내딛은 최초의 인간일 수도 있다는 초현실적 깨달음을 얻었다. 그 땅은 거룩한 땅이었다. 아내와 내가 인도의 뉴델리에서 자이푸르로 여행할 때 길가에서 수백 마리의 나비 떼에 둘러싸인 적이 있는데, 이를 통해서도 깨달음을 얻었다. 그때 하나님이 우리 부부와 우리가 남겨 두고 온 어린 자녀들을 사랑하고 보호해 주신다는 것을 알게 되었다. 나는 또한 매주 여러 번 바리스타인 앤젤, 파비아나, 마리엘라의 얼굴에서 하나님을 본다. 한번은 오스카 시상식에서 주연 배우상을 받고 연설하는 호아킨 피닉스를 보면서 나는 하나님이 말씀하시는 것을 들었다. 나는 자연 속에서, 어린아이들과 동물 속에서 하나님을 본다. 거기에는 환상이 없으므로 현실을 그대로 반영한다.

인생에는 더 밝은 부분이 있다는 것도 간과하고 싶지는 않지만 이 세상을 살아간다는 것은 무척 힘든 일이다. 이것은 내가 감당하기 어려운 교훈이었다. 대부분의 종교는 인생의 실패를 어떻게 대해야 할지를 잘 가르쳐 주지 않는다. 그래서 우리가 실패할 때(혹시 실패하면 이 아니라), 대부분은 안전한 공동체에서 지원을 받고 안정된 기반을 찾기 위해 애쓴다. 우리가 성장하고 성숙할 수 있는 확실한 방법은 실패를 받아들이는 법을 배우는 것이다. 그것은 인생의 가장 훌륭한 교사에게 배우는 것과 같다.

마이스터 에크하르트의 말이 떠오른다.

무엇이든 더하는 것이 아니라 **빼는** 일을 할 때 우리 영혼은 하나님을 찾을 수 있게 된다.

실패를 겪을 때 무엇이 **잘못된 것**인가를 찾기보다는 실패로 인한 **결실**에 집중해야 한다.

사랑하고 있지 않다면 진리를 발견할 수 없다.

_아브라함 헤셸

놓아주고
내려놓음으로

자유와 기쁨을
누리기

사도 바울은 갈라디아교회 성도들에게 보내는 편지에서 강한 어조로 경고하며 참으로 **자유로운 삶**이 어떤 것인지를 말하고 있다.

1 그리스도께서 우리를 해방시켜 자유로운 삶을 살게 해주셨습니다. 그러니 굳게 서십시오! 그 누구도 다시 여러분에게 종의 멍에를 씌우지 못하게 하십시오!

2-3 나는 단호하게 말씀드립니다. 여러분 가운데 누군가가 할례를 받고 여타의 율법 체계에 굴복하는 순간, 그리스도께서 애써 쟁취하신 자유라는 선물은 사라지고 맙니다. 거듭해서 경고합니다. 할례의 방식을 받아들이는 사람은, 그리스도 안에서 이루어지는 자유로운 삶의 유

익을 율법이라는 종의 삶의 의무로 바꾸는 자입니다.

4-6 나는 여러분이 의도한 것이라고는 생각하지 않지만, 그런 일이 실제로 일어나고 있습니다. 여러분이 종교 활동에 기대어 살려고 하는 순간, 여러분은 그리스도에게서 떨어져 나간 것이며, 은혜에서 떨어져 나간 것입니다. 그러나 우리는 성령과의 만족스러운 사귐을 애타게 기다리고 있습니다. 그리스도 안에서는 종교적 의무를 성실히 준수하거나 무시하거나 아무 차이가 없기 때문입니다. 중요한 것은 그보다 훨씬 내적인 것입니다. 그것은 다름 아닌 사랑으로 표현되는 믿음입니다.

13-15 하나님께서 여러분을 자유로운 삶으로 부르셨다는 것은 틀림없는 사실입니다. 그러나 여러분은 그 자유를 방탕한 삶을 위한 구실로 삼지 마십시오. 여러분의 자유를 망치지 마십시오. 오히려 여러분의 자유를 사랑 안에서 서로 섬기는 일에 사용하십시오. 그것이야말로 자유가 자라는 길입니다. 우리가 하나님 말씀에 대해 아는 모든 것을 한 문장으로 요약하면, "네 자신을 사랑하듯이 다른 사람을 사랑하라"는 것입니다. 이것이야말로 참된 자유의 행위입니다. 여러분이 서로 물어뜯고 할퀴면, 얼마 못 가서 서로가 파멸할 것이니 조심하십시오. 만일 그렇게 된다면, 여러분의 값진 자유가 설 자리가 어디에 있겠습니까?

16-18 내가 드리는 조언은 이러합니다. 자유롭게 살되, 하나님의 영이 이끌고 북돋아 주시는 대로 사십시오. 그러면 여러분은 이기심이라는 욕망에 휘둘리지 않게 될 것입니다. 우리 안에는 죄스러운 이기심이 자리하고 있는데, 그것은 자유로운 영을 거스릅니다. 자유로운 영

은 이기심과 양립할 수 없습니다. 그 두 가지 생활 방식은 정반대입니다. 여러분은 그날그날 기분에 따라서, 어떤 때는 이렇게 살고 어떤 때는 저렇게 살 수 없습니다. 성령이 이끄시는 삶을 선택하여, 율법이 지배하는 변덕스러운 욕망의 삶에서 빠져나오십시오(갈 5:1-6, 13-18, 메시지성경).

"그리스도께서 우리를 해방시켜 자유로운 삶을 살게 해주셨습니다!" 바울의 이 말은 누가복음 4장 18, 19절에 나오는 (선지자 이사야의 말로 된) 예수님의 '사명 선언문'과 일치한다.

주의 성령이 내게 임하셨으니 이는 가난한 자에게 복음을 전하게 하시려고 내게 기름을 부으시고 나를 보내사 포로 된 자에게 자유를, 눈먼자에게 다시 보게 함을 전파하며 눌린 자를 자유롭게 하고 주의 은혜의 해를 전파하게 하려 하심이라 하였더라.

이 말씀은 내가 예수님에게 진심으로 매혹된 이유 중 하나이다. 예수님은 약한 자들의 궁극적인 수호자시며 용기를 주시는 분이다. 예수님 당시에는 "가난한 자들, 포로 된 자들, 눈먼 자들"이 약자이며 실패자였다. 그 시대에는 그들이 곤경에 처하게 된 것을 그들 자신이 저지른 죄의 직접적인 결과이며, 따라서 하나님이 그들을 버리셨고 하나님의 축복에서 제외되었다고 생각했기 때문이다. 그러므로 예수님의 이러한 말씀은 당시 통용되던 신념을 뒤엎는 것이었다. 나중에 사도 요한은 예수님의 이 놀라운 말씀을 간결하게 "진리가 너희를 자유롭게 하리라"(요 8:32)라고 표현하였다. 사도 요한은 이 표현에 예수님의 힘 있는 말씀, "내가 진리요"(요 14:6)라는 말씀도 놓치지 않고 있다.

바울은 자유가 이기적이 되는 것이 아니고 자신의 뜻대로 하는 것(예를 들면, "나는 내가 원하는 것이라면 어떤 것이든, 또는 나를 기쁘게 하는 일이라면 무엇이든 할 것이다")도 아니라고 하였다. 오히려 자유는 궁극적으로 **다른 사람들**을 향해 그들을 위한 것임을 대단히 명확하게 말했다. 바울은 우리가 다른 사람들을 포용하고 그들을 위해 살지 않는다면 우리가 우리의 자유를 '망치게' 될 것이라고 경고하였다. 이러한 가짜 자유는 우리의 참된 자유를 파괴할 수 있고 또 그렇게 할 것이다. 바울은 더 나아가 "자유로운 영은 이기심과 양립할 수 없다"고 말한다. 이기심은 쌓아 두고 더 가지려고 하는 것이지만 자유는 베풀고 섬기는 것이다. 자유의 목적은 선을 행하는 데 있다.

바울은 '율법을 지키는 체계', '율법의 종이 된 삶의 의무', 그리고 '자신의 종교적 계획과 방법'에 예속되어 사는 것은 "낡은 메시지"이며 "종으로 사는 것"이라고 단호하게 말한다. 오히려 중요한 것은 그보다 훨씬 **내적인 것**이며, 사랑으로 표현되는 믿음이라고 말한다. 바울은 갈라디아 성도들과 그 이후의 성도들에게 자유를 **사랑 안에서 서로 섬기는 일**에 사용하라고, 그것이 **자유가 자라는 길**이라고 말한다.

낡은 메시지는 여전히 생생하게 살아 있으며 우리와 다른 사람을 종으로 삼을 수 있다. 이 낡은 메시지가 용인된 규범이 되고, 무조건 지켜야 할 것으로 선포되면, 사람들은 월터 윙크가 말하는 '지배 체제'의 노예가 될 것이다. 우리가 이러한 낡은 메시지에 따라 행동하면 우리는 은혜에서 벗어나고, 그리스도로부터 떨어져 나간다.

이 낡은 메시지는 나쁜 메시지 또는 오래된 메시지로 나타나는 것이 아니라 정반대인 경우가 많다. 처음에는 훌륭하고 심지어 꼭 필요한 것일 수도 있다. 그러나 시간이 흐르면서 우리를 자유롭게 하는 그리스도 안에서 '자유 없이' 그 메시지를 지키려 할 때 낡은 메시지로 변질된다. 이 낡은 메시지의 덫과 환상을 날카롭게 경계하는 것은 자유를 지키기 위한 규율의 일부이며, 그것을 위해 그리스도께서 우리에게 맞서 싸우라고 하신 자유의 일부이다. 예수님은 항상 각각의 죄인은 용서하시지만, 그 낡은 메시지와 지배 체제에는 굴복하지 않으시며 용서하지도 않으신다.

자유는 사랑에 의해서 뒷받침되어야 한다. 자유는 언제나 사랑의 지배를 받아야 한다. 자유의 궁극적인 척도는 사랑에 바탕을 둔 비이기적이고, 외부 지향적이며, 다른 사람을 중심에 둔 행동을 하는 것에 있다. 이 경우 우리의 외적인 행동은 바로 우리 내면에서 흘러나온다. 내면의 자유를 측정하는 한 가지 방법은 외적인 행동(자만심이나 자기 비하 없이 정직함과 자기를 측은히 여기는 마음을 갖고)을 관찰하는 것이다. 왜냐하면, 그것이 우리 내면의 모습을 진정으로 반영하기 때문이다.

1998년, 나는 2개월간 휴식을 갖기 위해 가족과 싱가포르에 갔다. (안식년을 하기로 되어 있었지만, 당시에는 휴식과 회복을 위해 무엇을 해야 할지 몰랐고 그에 필요한 구체적인 방법도 몰랐다. 영혼을 돌본다는 것은 그때 나에게는 아주 낯선 개념이었다.) 우리가 싱가포르에 있는 동안, **나의**('나의'라고 한 것에 주목하라) 팀에서 함께 일하던 스태프 중 한 명이 다른 사역 팀으로 옮기기로 결정했다는 것을 알게 되었다. 그 일로 인해 내면적으로 힘든 시간을 보냈고 그 손실을 어쩔 수 없이 감당해야 했던 것을 기억한다. 그 후 얼마 지나지 않아 나는 미국의 한인세계선교센터(Korean American Centerfor World Mission)의 사역이 **나의 것**이라는 잘못된 전제 아래 운영되고 있었다는 사실을 깨달았다. '하나님이 내 직원 중 한 명을 다른 사역으로 옮기시다니, 말도 안 돼!' 이것이 그때 나의 솔직한 생각이었다. 얼마나 신성 모독적인 위험한 생각인가! 나는 죄를 고백하고 스태프뿐 아니라 센터도 나의 것이라는 생각을 내려놓았다. 나는 '주먹을 펴고' 그 모두를 내려놓았다. 그때 분명한 육체적 감각으로 느꼈던 자유를 아직도 생생하게 기억한다. 몇 년 후, 나는 프란체스코회 수녀 일리아 델리오의 저서에서 우연히 한 문장을 읽게 되었다.

> 사람 됨은 자기 자신이 되는 자유이고, 자신의 존재에 함몰되지 않는 그대로의 자신을 사랑하는 자유이며, 다른 사람 안에서 자신을 아는 자유다.[11]

11   일리아 델리오의 「견딜 수 없는 존재의 온전함: 하나님, 진화, 그리고 사랑의 힘」을 인용했다.

이것은 대단한 역설이다. 자유는 조건 없이 다른 사람을 향하는 사랑이다. 이는 우리 내면의 자유를 거짓 없이 반영한다. 자유는 다른 사람들을 사랑으로 섬기는 것이다. 우리를 자유롭게 하는 진리는 어떤 개념이 아니고 신중하게 구성된 믿음 체계도 아니다. 그것은 한 인격체이다! 이 진리는 이것 또는 저것이 아니라 어느 '누구'이다. 그분은 예수 그리스도시다! 이 진리는 인격적이고 친밀하다. 그것은 친밀한 관계없이 동떨어진 비인격적인 일련의 아이디어들과는 별 상관없다. 그 진리는 우리를 변화시키고 변혁시킨다.

우리가 삶에서 알게 되고 받아들이게 된 진리가 예수님의 인격적 특성일 수 있을까? 진리는 지식으로 격하될 수 없으며 그렇게 되는 것을 거부한다. 지식과 진리는 같지 않다. 지식은 어떤 사물이나 **누군가를 아는 것에 관한 것**이지만, 진리는 누군가를 아는 것이다. 지식은 우리를 진리로 이끌 수 있지만 결코 진리를 대체할 수는 없다. 일리아 델리오는 "지식이 사랑에 의해 심오한 경지에 이른 것이 지혜"라고 하였다. 우리는 예수님을 영원히 사랑하는 상태에서 그 진리를 안다. 그것은 지혜가 우리 가운데 역사하는 진리로 이끌어 가는 상태이다.

흐르는 강물처럼 살 수 있다면 얼마나 좋을까
내 삶에 펼쳐지는 놀라움에 실려 가고 싶다.
_존 오도나휴

강물이
흘러가듯

살아가기

이 시는 내가 좋아하는 존 오도나휴의 시다. 여기에 나오는 "……(할)
수 있다면"이라는 말이 마음을 사로잡는다. 이 말은 내 마음 깊은 곳
에 있는 직관적 욕구가 채워지기를 바란다는 소망이 담긴 표현이다.
이 직관적 욕구는 '놀람'으로 인한 두려움과 불안에 우리를 쉽게 빠져
들게 한다. 나는 인정과 확인을 받기 위해 무엇을 만들거나 일을 벌이
지 않고 그냥 강물처럼 **흘러가기**를 원한다. 위스턴 휴 오든은 그의 시
〈정오〉(Sext, "기도 시간들"[Horae Canonicae] 3부)에서 흐름의 본질을 감동적
으로 포착한다.

어떤 사람의 소명이 무엇인지 알기 위해 그가 무엇을 하고 있는지를

살펴볼 필요는 없다. 그냥 다음과 같은 일을 하고 있는 이들, 한 사람 한 사람의 눈을 응시하고 있으면 된다. 소스를 섞는 요리사, 수술을 하는 외과 의사, 증권을 작성하는 사무원. 이들은 모두 일에 몰두하는 모습을 보이며, 자신이 어떤 기능을 하는가는 잊어버린다. 무언가를 응시하는 눈은 얼마나 아름다운가.

흘러간다는 것은 자신이 무엇을 하고 있는지를 잊게 된다는 것이다. 우리가 자신을 강압에 의해서가 아니라 타고난 상태대로 들어가게 하는 것에는 아주 매력적인 점이 있다. 내가 몰두하고 있는 모습이 표현된 적이 언제인지 스스로에게 묻고 싶다.

나는 아들과 운동, 특히 농구를 함께하면 기분이 살아난다. 아직까지 큰 부상을 당하지 않았기 때문에 아들과 운동할 수 있다. 이것은 나의 큰 특권이다. 나는 또한 여행할 때, 특히 새로운 곳에 가서 새로운 음식을 처음으로 맛볼 때 활력을 얻는다. 그리고 역사적인 일이 일어난 곳을 방문하여 그곳 사람들과 문화의 오래된 정취를 느낄 때도 활력을 얻는다. 그리고 예술과 역사 박물관에 가서도 활기를 되찾는다. 하루 종일 박물관에서 시간을 보낸 적도 있다. 여러 해 전에 나는 러시아의 상트페테르부르크의 에르미타주 미술관을 방문했다. 그것은 평생에 한 번 있을까 말까 한 기회였다. 세계에서 두 번째로 큰 미술관에 들어서면서부터 나는 제정신이 아니었다. 또한 나는 인생의 대안적 관점과 패러다임을 열심히 찾는 사람들과 대화를 나눌 때 기분이 좋아진다. 이렇게 내가 활력을 얻는 일에는 한 가지 공통점이 있다. 그것은 자유다. 나는 나와 다른 사람들 안에 있는 자유를 고취하고 옹호할 때, 가장 활기 있고 열정이 넘친다. 즉 나 자신을 잊어버릴 만큼 그런 역할에 몰두하게 된다.

내가 몇 년 전 아주 암울한 시기를 보내고 있을 때, 나에게 큰 의지가 되었던 작가가 아드리안 반 캄이었다. 네덜란드 가톨릭 신부인 그는 저서 「창조적으로 사는 것」(*Living Creatively*)에서 "독창성은 각 사람이 태어날 때 갖게 되는 독특한 표식과 같다. 그것은 자신의 방식대로 자신이 되게 하는 그 사람의 잠재 능력이다"라고 했다. 반 캄은 또한 흥미로운 통찰을 제시한다.

그의 독창성은 그가 하는 일이 아니라 그가 일하는 방식에서 빛을 발한다. 그의 습관이 아니라 그가 그 습관을 실천하는 방식에서 빛나는 것이다.

나는 무슨 일을 할 때, 내가 어떻게 하고 있는가보다는 무엇을 하고 있는가에 집중하는 경향이 있다. 반 캄이 말하는 것은 우리의 독창성은 존재에서 흘러나오지만 피조물로서의 본질은 독창적으로 우리가 어떻게 살아야 할 것인지를 말해 주고 깨닫게 한다는 것이다. 예수님이 귀가 들리지 않는 사람을 고쳐 주신 후, "사람들이 심히 놀라 이르되 그가 모든 것을 잘하였도다 못 듣는 사람도 듣게 하고 말 못하

111

는 사람도 말하게 한다"(막 7:37)고 기록되어 있다. 마가는 '잘'(well)이라는 말이 '아름답게', '멋지게', '훌륭하게'라는 의미를 담고 있다는 것을 분명히 보여 준다. 이것은 행동을 올바르게 했다는 뜻이다. 그냥 올바른 행동을 했다는 것이 아니라 **옳은 일을 올바르게 하였다**는 말이다.

우리에게 도움이 될 만한 반 캄의 몇 가지 실용적인 통찰을 알아보자. 그는 자연스럽게 나타나는 우리의 성향에 대해 구체적인 지향점을 제시하는 것이 첫 번째 단계라고 조언한다. 이것은 무조건 성공할 수밖에 없는 단계가 아니다. 이 첫 번째 단계는 위험으로 가득 차 있으며 용기를 필요로 한다. 이 단계에서도 중요한 것은 실행 가능한 단계를 설정하기 위해서 영혼의 무의식적인 성향을 잘 식별할 수 있을 만큼 충분히 오래 영혼의 소리를 경청하는 것이다.

반 캄은 계속해서 용기는 의심과 불안의 바다에서 우리 자신의 삶을 살아가기 위해서 (특히 우리 시대에) 필요한 덕목이라고 말한다. 용기는 두려움, 의심, 불안이 없는 상태를 의미하는 것이 아니라 두려움, 의심, 불안에도 행동으로 표현되어 나타나게 하는 것을 말한다. **존재하고 행동하려는** 용기 말이다. 용기와 자유를 고취시키는 공동체를 찾거나 만드는 것은 우리 모두에게 꼭 필요하다. 우리의 독창성과 흐름을 발견하는 것은 결코 고립된 여정에서는 이루어질 수 없다.

나는 하나님이 주신 천상의 목소리를 가진 가수 소향의 열렬한 팬이다. 그는 최근 〈비긴 어게인 코리아〉라는 프로그램에서 〈바람의 노래〉라는 노래를 불렀다. 이 노래는 흐름 속에 있거나 어떤 기능을 하고 있는 자신을 잊게 하는 것에 대해 말하고 있다. 소향은 이 노래에 간절한 마음을 담아 불러서 마치 자신이 흘러가는 상태에 있는 것처럼 느끼게 해준다. 가사를 함께 나누고 싶다. 내가 감명받은 것처럼 여러분도 감명받기를!

살면서 듣게 될까. 언젠가는 바람의 노래를
세월 가면 그때는 알게 될까. 꽃이 지는 이유를
나를 떠난 사람들과 만나게 될 또 다른 사람들
스쳐 가는 인연과 그리움은 어느 곳으로 가는가.
나의 작은 지혜로는 알 수가 없네.
내가 아는 건 살아가는 방법뿐이야.
보다 많은 실패와 고뇌의 시간이
비켜 갈 수 없다는 걸 우린 깨달았네.
이제 그 해답이 사랑이라면
나는 이 세상 모든 것들을 사랑하겠네.
나를 떠난 사람들과 만나게 될 또 다른 사람들
스쳐 가는 인연과 그리움은 어느 곳으로 가는가.
나의 작은 지혜로는 알 수가 없네.
내가 아는 건 살아가는 방법뿐이야.

사랑하는 이들이 연습할 것은 하나뿐,
서로를 놓아주는 것이다.
서로를 붙잡는 것은 쉬운 일이라
굳이 배울 필요가 없으니.
_라이너 마리아 릴케

들고 나는
모든 것 안에 계신

하나님

팬데믹 때문에 겪게 된 안타까운 손실 중 하나는 내가 다니던 교회 체육관에서 매주 하던 농구를 하지 못하게 된 것이다. 팬데믹이 장기화되면서 나는 그것이 나에게 큰 손실이라는 것을 깨달았고, 지금도 큰 손실로 느끼고 있다. 나에게 그 모임은 단순한 농구 경기 이상이었다. 20년 가까이 함께 농구를 해온 형제들이었고, 그 농구를 통해 이루어진 '교제'가 바로 교회였다. 매주 목요일 밤에 체육관에서 일종의 교회가 이루어진 것이다.

　그 체육관은 내가 알고 있는 한 미시시피 서쪽에 있는 체육관 중 최고였다. 나는 그 체육관과 관련된 모든 것을 좋아했다. 체육관에 가득히 밴 땀 냄새, 바닥의 폴리우레탄 냄새(옆에 있는 주방에서 가끔 식욕을 자극하는 한국 음식 냄새가 퍼져 나오기도 했다)도 좋았다. 움직일 때마다 내 운동화가 바닥에 닿아 만들어 내는 "찍찍" 소리, 선수들이 뛰면서 내는 도통 알 수 없는 기합 소리와 투덜대는 소리도 좋았다. 그리고 가장 듣기 좋은 소리는 공이 골에 들어갔을 때, 공이 (링을 건드리지 않고) 그물을 스치는 소리였다. 이 소리는 매우 중독성이 강했다. ESPN(스포츠 전문 채널)의 하이라이트 장면에 나올 법한 플레이가 펼쳐지면 매우 멋지다고 서로를 인정하는 모습(그 순간 ESPN 방송에서 나오는 경쾌한 음악을 흉내 내기도 한다), 하이파이브를 하고 서로 엉덩이를 두들겨 주는 소리, 이렇게 열정적으로 경기했던 그 공간, 모든 것이 늘 그리웠다. 어떤 친구들은 여러 해 동안 생일에 케이크 위의 초를 불며 파티하는 것보다 농구 게임을 하고 시원한 음료수를 많이 가져와 함께 축하하는 것을 더 즐겼다.

그 모든 것이 거의 20년 동안 매주 나를 불러냈다. 매주 목요일에 내 영혼은 어린아이처럼 들뜨고 흥분된 상태에서 체육관으로 갈 시간만 하루 종일 기다리고 있었다. 약간 몸이 좋지 않을 때는 물론이고, 많이 아플 때에도 농구하러 갔다(아내는 이런 나의 행동을 이해하지 못했다). 심지어 해외여행에서 돌아오자마자 농구를 한 적도 있다. 아플 때는 땀을 일부러 흘려 몸에서 병을 쫓아내는 것이 필요하다는 근거 없는 주장을 하기도 했다. 어디서 그런 아이디어를 얻었는지는 모르지만 실제로 자주 효과가 있다고 믿었다. 나는 부상을 입어 경기할 수 없을 때를 제외하고는 반드시 참석하였다. 나에게 그 농구 경기는 거의 종교 의식과 같은 것이었다.

언젠가 한 번은 오른쪽 가운데 손가락을 다쳐 3개월 동안 농구를 하지 못했다. 다친 손가락을 두꺼운 보호대로 감싸고 있는 모습이 우습기도 했고, 사람들과 인사를 나눌 때도 오른손은 흔들지 못할 만큼 남을 의식하기도 했다. 그 기간에 매주 목요일이 되면 부상으로 농구하지 못하는 것을 한탄했다.

여러 해 동안 나는 감사한 추억을 많이 기억하고 '감사 은행'에 저축해 두었다. 그런 추억 중 하나는 목요일 밤 농구와 관련된 것이다. 거의 매주 농구한 후 집으로 돌아오면서 안도의 한숨을 내쉬고 스트레스를 풀면서 내가 살아 있다고 스스로에게 말하곤 하였다. 나는 아직도 그 느낌을 다시 불러내어 재현할 수 있다.

팬데믹 때문에 이 모든 것이 아무런 기약 없이 갑작스럽게 중단되었다. 최근 그 농구 모임 운영자에게 이메일을 받을 때까지 2년이 훨씬 넘게 경기를 하지 못했다. 그는 부에나 공원의 한 체육관에서 재회를 하자고 알려 왔다. 이메일에서 그는 "당신들이 너무 보고 싶고 함께 농구하고 싶은 생각이 굴뚝같다. 이 모임이 언젠가는 끝날 수밖에 없겠지만 갑자기 중단된 덕분에 그간 우리가 이 모임을 얼마나 좋아했는지 알게 되었다"고 말했다. 나는 바로 "동감한다"고 응답하며 참석하겠다고 했다. 달력에 약속 날짜에 동그라미를 쳐 놓고 어린아이처럼 들떠서 아내에게 "엄청 흥분된다"고 말했다.

나는 약속한 시간에 도착하여 몇몇 낯익은 얼굴을 보았다. 나를 먼 길로 안내한 구글 지도에 거의 욕을 하고 싶을 정도로 나는 이 약속에 진심으로 흥분되어 있었다. 도착하자마자, 우리는 하이파이브를 하며 기쁨과 즐거움을 나누고 긴 포옹을 하며 반가움을 표시했다. 그렇게 인사를 나누면서 서로를 많이 그리워했다는 것을 알 수 있었다. 그날의 두 시간이 너무 빨리 지나갔다.

시합이 끝난 후, 우리는 둘러앉아 함께했던 지난날들의 추억을 나누었다. 가장 슬펐던 것은 우리가 **제대로 된 작별 인사**도 나누지 못하고 갑자기 긴 시간 동안 만나지 못한 것이라고 말했다. 이 말에 모두가 공감하는 것이 느껴졌다. 40분 정도 운전하여 집으로 돌아오는 내내, 진정한 기쁨과 만족감으로 내 입가에서 미소가 떠나지 않았다. 운전하는 동안 내 마음 한 모퉁이에서는 "제대로 된 작별 인사"라는 말이 맴돌았다.

대학 시절(아주 먼 옛날처럼 느껴진다), 나는 아무 생각 없이 로스앤젤레스 공항으로 차를 몰고 가서 마음에 담겨 있던 생각을 가다듬고 오곤 하였다. 그것은 설명할 수 없는 이상한 충동 같은 것이었다. 왠지 모르지만 나는 공항에서 사람들이 만남과 작별 인사하는 모습을 보는 것에 마음이 끌렸다. 아마도 잠재의식 속에 자유를 향해 날아가고 싶은 마음이 있어서 그랬던 것 같다.

내 삶의 여정에는 처음 만나 인사하거나 작별 인사를 나눈 사람이 아주 많았고 그들과 서로 엮여 있었다. 어떻게 보면 나는 내 삶에 들어오거나 떠나간 모든 사람 때문에 지금의 내가 되었을 것이다. 물론, 내 삶에 들어와 내 인생에 빈 곳이 있음을 알고 그 빈 곳을 채워 주어 지금의 내가 되게 하고, 미래의 나를 만들어 가는 데 일정한 역할을 한 사람도 많다. 너무 철학적이 될 필요는 없지만, 우리 모두는 생을 시작하는 엄숙한 인사를 하며 이 세상에 도착하고, 육신으로 작별 인사를 하며 이 세상을 떠난다. 연속적인 수많은 만남과 작별 인사를 나누는 우리 삶은 하나의 큰 만남의 인사로 시작하여 하나의 큰 작별 인사로 생을 마치게 된다. 우리 삶에 들고 나는 모든 것이 우리가 어떤 사람인지, 그리고 앞으로 우리가 어떤 사람이 될 것인지를 결정하며, 또 우리가 어떻게 살아야 하는지를 가르쳐 준다. 이는 무엇보다도 하나님이 들고 나는 모든 것 가운데 함께하시기 때문이다.

농구 모임 친구들의 재회로 돌아가 보자. 돌이켜 보면, 내가 그 친구들에게 말로 표현한 것을 나 스스로에게도 말할 필요가 있음을 느낀다. 비록 짧지만 나는 하나님이 20년 가까이 우리에게 누리게 해 주신 좋은 시간과 축복들을 기뻐하고 축하하였다. 이제 내 인생에서 그 장은 제대로 마무리되었다. 이제 그들 혹은 새로운 친구들과 농구를 함께할 수 있는 다른 기회가 있을 것이다. 나는 이제 또 다른 만남을 기대하고 있다.

이 글을 읽는 당신, 준비하십시오.

이제부터 무엇을 기억하고 싶습니까?

빛나는 바닥을 따라 햇빛이 어떻게 스멀스멀 닦아 오던가요?

오래된 나무 향기가 무엇을 맴돌고 있으며

밖에서 들려오는 소리가 무엇으로 나지막이 방안을 가득 채우고 있을까요?

지금 어디를 가든 당신의 숨결에는 존중이 담겨 있으니

세상을 위해 그보다 나은 선물을 가져다줄 수 있을까요?

당신에게 더 나은 생각이 떠오를 때를 기다리고 있습니까?

이제 당신이 돌아서면, 당신이 찾아낸 새로운 것을 엿볼 수 있습니다.

오늘부터 당신이 원하는 모든 것을 저녁이 될 때까지 계속 이끌어 가십시오.

당신이 이것을 읽거나 듣는 데 필요했던 간격을 평생 유지하십시오.

누가 당신에게, 이제부터, 여기서 시작하여, 바로 이 방에서, 당신이 돌아설 때,

지금보다 큰 것을 줄 수 있을까요?

_윌리엄 스태포드

감옥과
성전으로서의

나의 셸

아내와 나는 3개월간 머물 계획으로 2021년 5월 7일 한국에 왔다. 모든 외국인의 경우와 마찬가지로, 코로나19로 까다로운 입국 절차를 거쳐야 했고, 결국 5월 21일까지 강제 격리를 해야만 했다. 우리는 이를 위해 2주간 머물 호텔 방에 도착했다. 거기서 전혀 예상치 못한 일이 벌어졌는데 아내와 나는 서로 떨어져서 각각 다른 방에서 지내야 한다는 것이었다! 나는 이런 일이 일어나리라고는 상상도 못했다. 이는 얼마나 부도덕하고 불의한 처사인가! 어쨌든 열흘 이상 우리는 그렇게 지내야 했다. 어쩔 수 없이 나는 (사실은 감방 같은) 작은 호텔 방에서 지내야 했다. 현대적인 편의 시설을 갖추고 있어서 지내는 데 전혀 불편이 없는 아주 안락하고 '고급스러운 감방'에서 지낸 셈이다. 전혀

121

동굴 같은 곳은 아니었다. 이로 인해 나는 이전에 경험하지 못한 신기하고 놀라운 경험을 하게 되었다.

가서 네 셀(cell) 안에 앉아 있으라. 그러면 그 셀이 너에게 모든 것을 가르쳐 줄 것이다.

4세기 위대한 사막 교부였던 압바 모세는 그의 추종자들 중 한 명에게 이렇게 충고했다. '셀'은 여러 가지를 의미한다고 생각한다. 초기 기독교에서 셀은 실제 동굴 또는 철저한 금욕주의 은둔자를 위한 아주 소박한 방이었다. 이 셀은 대부분 자급자족할 수 있는 곳이었다. 그들은 여러 날, 때로는 몇 년 동안 외부에서 음식을 공급받으면서 그곳에서 살아갈 수 있었다.

수세기 후, 성 프란체스코는 이 '셀'을 활용한 멋진 프로그램을 개발했다.

우리가 어디에 있든, 어디를 가든, 우리는 우리의 셀을 가지고 다닌다. 우리의 형제인 몸이 우리의 셀이고 우리의 영혼은 그 셀 안에서 사는 은둔자다. 만일 우리 영혼이 이 셀 안에서 평화롭고 고독하게 살지 않는다면, 사람이 만든 셀에서 사는 것이 무슨 유익이 있겠는가? [12]

12   리처드 로어의 「오직 사랑으로: 교회를 되살려 낸 프란치스코의 혁명적 복음」(*Eager to Love: The Alternative Way of Francis Assisi*, 한국기독연구소 역간)을 인용했다.

이 얼마나 심오한 응용인가!

나에게 이 '셀'은 성소이면서 감방처럼 느껴졌다. 때로는 성소, 때로는 감방인 셈이다. 성소는 안전과 보호를 의미한다. 그것은 또한 일시적인 유예를 의미하는데, 이는 인생을 성소에서만 살 수는 없기 때문이다. 감방은 엄격한 제약과 자유의 상실을 의미하며, 이는 호텔 방에 갇혀 있는 내 처지와 같은 것이다. 흥미롭게도, 처음에는 감방에 있는 것처럼 느끼다가 시간이 지나면서 점점 성소에 있는 것처럼 느껴졌다. 나는 여전히 안절부절못하고, 한바탕 정신없이 머리가 빙빙 도는 것 같기도 했지만, 미친 듯이 숨을 몰아쉬는 현상은 일어나지 않았다. 시간이 더 흐르면 그런 일이 일어날지도 모르지만 말이다. 그래도 많이 긴장하거나 두려워하지는 않았다.

여기서 묵상한 몇 가지를 이야기해 보겠다. "시간은 삶 그 자체다"라고 리처드 로어가 말했는데,[13] 이 '셀'에서의 시간은 느리게 흘렀다. 앞으로 여기 갇혀 있을 날이 며칠이나 남았는지를 생각하면서 나는 훨씬 안절부절못했다. 내 몸은 아직 여기에 있지만 내 마음은 이 셀에서 벗어나려 했다. 마음과 몸의 불일치는 특히 둘째 날과 셋째 날에 심해졌다. 그러나 시간이 지남에 따라, 나는 여기서 풀려날 날을 학수고대하기보다는 바로 이 감방에서 펼쳐지고 있는 삶에 집중하는

---

13   미하엘 엔데의 소설 「모모」(MOMO, 비룡소 역간)에 나온 말을 리처드 로어가 인용했다.

법을 배워 갔다. 내가 먹을 수 있는 모든 한국 음식을 상상하는 것만으로도 입안에 침이 고였다! 몹시 아이러니하게도, 내가 원하던 자유가 나를 가두고 있었다.

며칠 전, 내 셀에서 나는 (파커 파머의 페이스북에 올라온 글을 통해) 앞에서 소개한 스태포드의 시를 발견했고, 거기에 담긴 초청은 명백한 것이었다. "누가 당신에게, 이제부터, 여기서 시작하여, 바로 이 방에서, 당신이 돌아설 때, 지금보다 큰 것을 줄 수 있을까요?"라는 질문은 내가 의기소침하던 상태에서 벗어나 나를 위한 교훈을 확실하게 배울 수 있게 하여 현재의 순간에 더 충실하도록 이끌었다.

그 즈음 나는 느리게 살아가는 것이 꼭 비생산적이거나 열매 없는 삶을 사는 것을 의미하지 않는다는 것을 깨달았다. 오히려 완전히 반대일 수 있다. 시간, 또는 현재의 순간이라고 해야 할 지금은 그것을 포착하기가 쉽지 않지만 말이다. 나는 항상 미래의 문제, 관심사 및 비전에 집착하며 살았다. 그러나 이 구덩이에서 빠져나온 후에 해야 할 일에 대해 생각하는 것이 스스로에게 유익하지 않다는 것을 깨달았다. 최소한의 온전함과 더 나아가서 즐거움과 활력을 유지하려면 하루에 한 번씩은 지금의 내 구덩이, 즉 나의 셀 속에서 충실하게 존재해야만 한다.

실제로 이 과정을 통과하면서 매일 되풀이하는 일들과 리듬을 만들어 가야 했다. 다행히 나는 장거리 비행으로 인한 시차를 쉽게 극복했다. 나의 하루는 샤워, 명상, 애플리케이션 "Pray As You Go"를 이용한 묵상과 기도, 그리고 문 앞에 배달되는 아침 식사로 시작되었다. 식사가 배달될 때에만 문을 열 수 있었는데, 한번은 식사 때가 아닌 시간에 문을 열었더니 알람이 울렸다(그 방이 감방처럼 느껴졌다고 하지 않았는가? 나는 교도관이 와서 나를 두들겨 패는 줄 알았다). 그런 다음, 집에서 가져온 핸드 그라인더와 에어로프레스를 사용하여 나만을 위한 커피 한 잔을 만들어 소박한 행복을 누렸다. 그러면서 혼잣말로 중얼거렸다. "나는 살아 있다." 독서와 글쓰기로 남은 오전 시간의 대부분을 보내고 식어 빠진 점심 식사가 이어졌다. 그리고 나는 떨어져 있는 아내와 줌을 통해 서로를 보며 식사하고 대화를 나누었다. 한번은 대화 중에 아내가 내가 깨달은 것을 블로그에 적으면 좋겠다고 제안했다. 그래서 이 글이 만들어진 것이다.

오후에는 다시 독서와 글쓰기, 이메일과 문자 메시지를 읽고 회신하는 일과 운동으로 시간을 보냈다. 지난해 아이들에게 크리스마스 선물로 애플 워치를 받은 후 나는 매일 세 가지 운동으로 활동링 채우는 것에 다소 집착하고 있다(아마도 아내는 내가 '매우' 집착하고 있다고 말할 것이다). 링을 채운다는 것은 좁은 호텔 방에서 창의적으로 운동하는 방법을 찾아야 한다는 것을 의미한다. 나는 전에는 불가능하다고 생각했던 방식으로 운동했다. 링을 채울 뿐만 아니라 시간을 보내고 정신적으로 온전함을 유지하기 위해 그렇게 했다. 이것은 생산적인 일처럼 느껴졌다. 때로는 레이커스나 다저스의 경기를 보았는데, 특히 그 팀이 승리하는 날은 그 경기가 그날의 또 다른 행복이 되었다.

저녁 식사 후에는 뉴스를 시청하고 한국 텔레비전 프로그램이나 영화를 보곤 했다. 다행히 하루에 적어도 하나 또는 두 개의 줌 회의가 있어 하루가 지나는 것을 느낄 수 있었다.

현실(또는 하루)이 펼쳐질 때마다, 나는 큰 현실(Big Reality, 하나님)에게 그냥 맡겨야 했다. 그것은 기본적으로 자아, 명성 및 가치를 보존하기 위해 고안된 현실에 나 자신의 내적인 소음, 해석 및 논평을 그만두거나 적어도 그러한 것들을 인식하는 것을 통해 이루어졌다. 현실은 종종 현실에 대한 나의 해석과 같지 않다.

또 다른 교훈을 얻었다. 작지만 눈앞에서 벌어지는 일에 주의를 기울이자는 것이다. 나는 이것이 이번 여행 중에 하나님이 보내신 가장 중요한 초대임을 느낀다. 작은, 또는 겉으로 보기에는 별로 중요한 것 같지 않은 대화, 만남 또는 사람들을 주목해야 한다. 특정 목적지를 향해 갈 때, 내 목표는 최종 목적지가 아니라는 것을 상기하면서, 목적지를 향해 가는 과정에서 정신을 차리고 주의를 기울여야 한다는 것을 되새기게 된다.

바깥에서 자동차의 희미한 소음이 들려 왔다. 지난 이틀 동안 봄비 내리는 소리를 듣고 냄새를 맡으면서 그간 잊고 있던, 한국에서 지낸 어린 시절 기억 속에 남아 있던 비의 자장가가 생각난 것에 감사한다. 며칠 전 아침, 새 한 마리가 날아오더니 나에게 인사라도 하듯이 창문을 두드렸다. 아침에 커피를 갈고, 냄새를 맡고, 마시는 것이 일상의 중요한 의식이 되었다. 오후 운동 후, 아침 식사로 제공된 오렌지 한 조각, 방울토마토 세 개, 포도 세 알과 같이 몇 개 되지 않는 과일을 즐기는 것이(결코 과장이 아니다) 나에게 작은 행복을 가져다주었다. 하루에 세 번 줌으로 아내를 만나서 함께 식사를 하고 그밖에 매일 다른 줌 영상 통화를 하는 것이 외부 세계와 소중한 연결이 이루어지는 시간이었다.

스태포드가 제기하는 일련의 탐구 질문은 바로 여기, 바로 이 방에서, 그리고 바로 이 순간에 시작하도록 나를 자극했다. 나는 과거나 미래가 아닌 현재의 순간에만 내 삶을 살 수 있다. 오직 지금, 나는 또한 내가 머물고 있는 이 셀에서의 이 순간과 그 너머의 어떤 곳에서든 '햇빛, 냄새, 소리'를 느껴야 함을 상기한다.

하나님이 지으신 세상은 그렇게도 크고 넓은데,
당신은 어찌하여 하필이면 그 많고 많은 곳 중
감옥에 잠들어 있는가?
_루미

나를 위한
방황으로의

초대

나는 방랑자다. 항상 재미있고 흥미진진한 무언가를 놓치고 있는 것만 같아서 방황한다. 나는 수평선의 허용 경계를 넘어 마법 양탄자를 타는 것과 같은 탐험을 하고 싶다. 또한 나는 FOMO(fear of missing out, 무언가 놓치고 있다는 두려움)를 갖고 있음을 고백한다. 아내가 필사적으로 군중을 피하려 하는 것과는 대조적으로 나는 군중에 끌리곤 한다. 이것이 우리 부부의 갈등 요인이다. 나는 늘 남의 떡이 더 크다고 느끼기 때문에 방황한다.

나는 또한 길을 잃어서가 아니라 내가 누구인지, 즉 나의 진정한 자아를 발견하기 위해 방황한다. 톨킨의 「반지의 제왕」 등장인물 중 한 명인 빌보 배긴스는 "반짝이는 모든 것이 금은 아니며, 방황하는 사람들이라고 해서 모두 길을 잃은 것은 아니다"라고 말했다. 나는 때때로 전혀 새로운 상황과 맥락 속에 있거나 '변두리'에 있을 때 훨씬 분명하게 자신을 '보는' 경험을 한다. 내가 여행을 좋아하는 것은 내가 누구인지를 발견할 수 있는 통로가 되기 때문이다. 나는 내가 누구에게 속하였는지 **알고** 있지만, 집으로 돌아가는 길은 명확하지 않다. **집으로** 돌아가는 길에 길을 잃는 것은 '만약'이 아니라 사실이며, 그게 언제가 될 것인지가 문제이다. 그러므로 길을 잃는 것은 여행의 일부이다. 길이 명확하지 않아서이기도 하지만 내가 하는 여행이 남다르기 때문이다.

아빌라의 테레사는 "천국으로 가는 길 전체가 천국 그 자체다"라고 하였다. 방황하는 것은 경이로워하는 것이다. 경이로워하지 않으면서 방황한다는 것은 상상할 수 없다. 우리는 경이로움을 외적인 것에서 경험할 때가 있고 내적인 것에서 경험할 때도 있다. 내가 무언가에 이끌리어 주목하게 된 가장 심오한 경이로움은 **내면에서 비롯된** 것이었다. 이 내적인 경이로움은 외적인 경이로움을 보고 해석하는 데 영향을 끼친다.

1992년, 한국을 방문했다. 열네 살에 이민을 온 후 15년 만에 처음으로 조국 땅을 밟는 것이라서 신났던 기억이 난다. 그러나 금세 깨달은 것은 그동안 나의 정체성은 '한국인'이라 생각했는데, 난 너무 '미국인'이 되어 있었다는 것이다. 이런 정체성의 혼란은 내가 누구이고, 어떤 사람이 되어 가고 있는지를 알아내려는 내면의 여정으로 이어졌다. 나는 한국인도, 미국인도 아니고 '한국계 미국인'(Korean-American)이라는 것을 알게 되었다. 나는 '하이픈으로 연결해야만 설명되는 존재'가 된 것이다. 나 자신이 어떤 중간 지대에 놓여 있다는 것을 느끼며 '문지방'과 '다리' 같은 말을 깊이 음미하게 되었다.

'방황'(wander)이라는 영어 단어의 어근은 '바람'(wind)과 '변화'(change)와 관련 있다. 바람은 하늘만큼 자유롭다. 바람은 진정한 자유의 표상이다. 바람은 또한 모든 새의 움직임의 근원으로 새들의 자유와 창의성을 북돋아 준다. "바람의 모든 색으로 그림을 그릴 수 있나요?"라는 〈포카혼타스〉에 나오는 노래 가사처럼 바람은 색을 싣고 올 뿐만 아니라 수많은 층의 창조적인 분위기도 함께 가져온다. 많은 문화권에서 바람은 다양한 이름을 가지고 있다. 바람과 마찬가지로 방황은 변화를 유발하고 촉발한다. 변화는 방황의 자연스러운 부산물이다. 방황한다는 것은 변화를 기꺼이 받아들이는 것이다.

방황은 일종의 기다림이다. 그리고 기다린다는 것은 하나님의 길과 우리의 길이 만날 때까지 방황하는 것이다. 하나님의 부르심과 우리의 바람이 하나로 수렴될 때까지 우리는 방황한다. 여러 땅과 지형, 햇볕이 내리쬐는 언덕의 광활한 풍경과 깊고 어두운 골짜기, 뜨겁고 외로운 사막, 그늘이 드리워진 시원한 시냇물, 우뚝 솟은 산을 다녀 보아야 한다.

우리 **모두**는 방랑자다. 인생의 여정은 출발지에서 목적지까지

곧바로 나 있지 않다. 삶의 여정에는 예기치 않은 전환과 뒤틀림, 어두운 계곡, 숨이 막힐 정도로 까마득히 높은 언덕이 자주 나타난다. 때때로 우리는 다른 선택의 여지가 없기 때문에 방황한다. 방황할 **수밖에** 없는 것이 거짓 없는 현실이다. 우리의 가난한 영혼은 끊임없이 무언가를 갈구하기 때문에 처절하게 방황한다. 우리의 영혼은 언제나 우리가 갈구하는 것을 성실하고 진실하게 대한다. 우리의 영혼은 항상 우리가 갈구하는 것들로 하여금 제 집을 찾아가게 하는 역할을 한다. 우리 영혼은 언제나 집을 찾고 있다.

따라서 방랑자로서 우리는 다른 방랑자들을 만나 서로의 기록을 비교하고 배운다. 비슷한 삶의 단계와 도전 속에 있는 이 방랑자들을 찾아서 그들과 깊은 유대를 갖는 것은 우리 모두에게 대단히 중요한 삶의 의무이다. 제대로 방황하는 사람은 예상치 못하게 펼쳐지는 삶의 드라마에 주의를 기울이고 (또는 경청하고) 가볍게 여행하는 (삶의 고삐를 느슨하게 잡는) 사람이다. 경청한다는 것은 예기치 못한 일을 기대하면서 호기심이 우리의 일상적인 상황에서 삶을 인도하도록 하며, 하나님의 임재 또한 놓치지 않도록 하는 것이다. 경청함으로 우리는 '세속적인' 활동에서도 신성한 것을 발견하고 기뻐한다.

존 오도나휴는 이렇게 설명한다.

영혼은 방랑벽으로 가득 차 있다. 우리 내면에 펼쳐지는 풍경 속에서 방랑하려는 갈망을 억누를 때, 우리 안에서 무언가 사라진다. 영혼과 영은 방랑자이다. 영혼과 영의 출발지와 목적지는 언제나 알 수가 없다. 영혼과 영은 미지의 것과 낯선 것을 발견하는 데 몰두한다.[14]

삶의 고삐를 느슨하게 잡는다고 해서 신념이나 강한 믿음이 없는 것은 아니다. 그것은 우리가 고착된 신념을 갖는 것이 아니라 열려 있고 삶을 보는 관점도 변화할 수 있다는 것을 기꺼이 받아들이는 것이다. 우리 인생을 인도하는 것은 독단적인 답과 믿음보다는 우리가 묻는 질문이다. 내가 보기에 이것은 연약함의 특성이다. 방랑자는 연약한 존재이다.

폴라 다시는 "하나님은 당신의 인생으로 위장하여 당신에게 나타나신다"라고 하였다. 결국 우리 모두는 인생길에서 나그네, 낯선 사람, 배우는 자이기 때문에 방황한다. 이미 자기 집에 도착한 사람은 아무도 없다. 오히려 우리 모두는 집으로 가는 길을 찾기 위한 여정 속에 있다. 우리 모두가 인생에서 나그네, 낯선 사람, 배우는 자라는 생각 자체가 모두의 인생길을 공평하게 해준다. 그 누구도 위에 있거나 아래에 있지 않고, 안에 있거나 밖에 있지 않으며, 갖고 있거나 갖고 있지 않은 상태에 있지 않다. 방랑자의 자세는 겸손하고 순복하는 자세이다.

14　　존 오도나휴의 「영원한 메아리」(*Eternal Echoes*)를 인용했다.

한 사람의 고독은 세상과 하나님에게 속해 있다.

이 말이 옳은가?

고독만이 감당해야 할 특별한 일이 있다.

곧 세상이 필요로 하는 깨달음을 깊게 하고 소외와 싸우는 것이다.

진정한 고독은 세상이 필요로 하는 것을 깊이 깨닫는 것이지

세상을 멀리하는 것이 아니다.

_토머스 머튼

세상의 굶주림을

채워 주는 고독

고독은 최근 안식년 동안 아내와 내가 가장 즐기고 있는 것이다. 코로나19로 인해, 우리는 한층 강화된 강제적인 또는 유도된 고독을 즐기며 여러 단계를 경험했다. 처음에는 낙심과 좌절감을 느끼다가, 시간이 흐르면서 의식 속에서 이러한 상황이 가져다준 유익을 깨닫고 조심스러운 낙관을 하기에 이르렀다. 이러한 상황이 강요된 것이든 아니든 한 가지 변함없는 주제는 '고독'이었다. 우리는 자신에 관해 깊이 파고들 수 있는, 길고도 값진 시간을 갖게 되었다. 그 기간에 우리는 많은 의무나 요구 또는 방해 없이 벌거벗은 우리 자신을 볼 수 있었다. 우리 존재가 복잡하게 이런저런 풍조에 말려들기 쉬운 상황에서 그냥 우리의 여러 모습을 인식하게 된 것이다. "세상의 필요에 대한 인식이 깊어졌다"고 말하기는 어렵더라도 내가 분명히 말할 수 있는 것은 우리 자신과 우리가 부족한 것에 대한 인식이 명료해졌다는 것이다. 나는 한동안 연락이 없던 한 친구와 줌으로 화상 통화를 했는데, 내가 그에게 꼭 하고 싶었던 말은 안식년은 심약한 사람들을 위한 것이 아니라는 것이었다. 안식년은 삶의 가장 근본적인 몇 가지 질문을 하게 만들기 때문이다. "내가 무슨 일은 해 온 것인가? 그 일을 어떻게 한 것인가? 그 일을 왜 했는가? 나는 누구인가? 그럼 이제 어떻게 살아야 하는가?"

외부의 소음과 산만함에서 벗어나 고독 속에 있으면 놀라울 정도로 자신을 잘 알게 된다. 외부로부터의 소음과 요구를 차단하는 것이 내가 해야 할 중요한 일이라는 생각이 들면 바로 내적으로 어둡고 요란한 전투가 시작되는 엄중한 상황이 나를 기다리고 있다. 내 복잡한 내면의 모습에 직면하게 되면 외적인 도전은 어린아이의 장난처럼 보인다. 시간이 지나면서 나는 내가 누구인지, 또는 내가 어떤 사람이 되어야 하는지와 같은 생각은 눈 녹듯이 사라지고, 내적이든 외적이든 간에 거짓되고 비현실적인 기대를 충족시키려는 나 자신의 모습으로 인해 지쳐 버린다. 감히 말하건대, 우리 자신에 대한 의식이 깊어짐에 따라 우리는 세상의 필요에 대한 인식을 분명하게 할 수 있고, 자신은 벌거벗었지만 진정한 자아를 통해 고통과 치유가 필요한 세상을 볼 수 있다.

진정한 고독은 세상을 거부하지 않으면서 외부에서 오는 소음을

순례자가 순례자에게

차단하는 능력이다. 아마도 진정한 고독의 마지막(또는 적어도 두 번째) 목적지는 내적으로 자유를 누리게 되는 것이라고 생각한다. 그러면 내적 자유는 상호 작용할 수 있는 여력을 갖고, 외적인 자유 또는 자유의 결핍을 알게 되어 세상에 적절히 관여할 수 있게 된다. 다시 말해, 내적 자유를 추구하고 누리게 되면 우리 각자가 사회적 차원에서 속박의 사슬을 끊을 수 있는 능력을 갖게 된다.

진정한 고독이 우리 자신에 대한 엄격하고 끈질긴 인식 작업을 통해 우리의 필요와 세상의 필요 사이의 관련성을 찾아낼 수 있을까? 다시 말하면, 내적 자유가 여전히 속박당하고 있는 세계의 어떤 상황을 (자유를 누리게 된 우리의 독특한 경험을 바탕으로) 해결해 줄 열쇠 역할을 할 수 있을까?

세상이 무엇을 필요로 하는지 스스로에게 묻지 마라. 무엇이 당신으로 하여금 깨어난 삶을 살게 하는지 스스로에게 물어보고, 그것을 하라. 왜냐하면 세상이 필요로 하는 것은 깨어난 삶을 사는 사람들이기 때문이다.[15]

영향력 있는 민권 운동가이자 신학자, 작가, 철학자인 하워드 서먼의 말이다. 이 말은 의식의 영역이 깨어난 삶으로 나타나야 함을 보

15　하워드 서먼의 「하워드 서먼의 살아 있는 지혜: 우리 시대의 비전을 가진 사람」(*The Living Wisdom of Howard Thurman: A Visionary for Our Time*)을 인용했다.

여 준다. 그러면서도 그의 말은 우리의 깨어난 삶과 세상의 필요를 연결시키는 데 도움이 된다. 많은 책을 저술한 신학자인 프레드릭 비크너는 이에 호응하여 "하나님이 당신을 부르시는 곳은 당신의 심오한 기쁨과 세상의 절박한 갈구가 만나는 곳"[16]이라고 했다. 우리의 심오한 기쁨을 찾는 일은 어렵고도 힘든 의식의 작업이며, 고독의 대가를 치르지 않고는 얻을 수 없다.

비록 우리가 자신에 대한 어떤 인식에 도달했다고 생각해도, 대부분 세상에 기여하려는 우리의 시도는 제대로 성공하기보다는 실패하게 될 것이다. 그 실수와 낙담에도 지속할 때, 우리의 인식을 재발견하고 더 분명히 인식하게 될 것이다. 그때 비로소 우리는 세상에 대해 끼치고 있는 영향의 실마리와 낌새를 보기 시작하며, 더 깊은 단계로 들어갈 수 있는 힘을 얻을 것이다. 우리 영혼의 심오한 기쁨과 세상을 향한 갈급함이 서로 만나는 순간을 알게 되는 때가 온다.

토머스 머튼은 자신이 고독으로 부르심을 받았다는 것을 알았다. 그의 경우는 우리 같은 평범한 사람들은 말할 것도 없고 수도자들의 기준에서도 극단적인 것이었다. 그는 또한 글을 쓸 때에 종종 성급하고 롤러코스터를 탄 것 같은 경험을 하지만 비범한 글쓰기 재능을 갖고 있다는 것을 알고 있었다. 그가 쓴 책, 일기, 가르침, 기도문과 시가 없었다면 머튼이 받은 은사를 알지 못하거나 받아들이지 못

---

16   프레드릭 비크너의 「통쾌한 희망 사전」(*Wishful Thinking: A Seeker's ABC*, 복있는사람 역간)을 인용했다

했을 것이다. 그러나 그가 궁극적으로 세상에 엄청나게 영향을 끼치고 큰 기여를 한 것은 그가 가진, 믿을 수 없을 만큼 대단한 글쓰기 재능 때문이 아니다. 그의 부름과 고독에 대한 변함없는 헌신이 그 자신을 발견하고 세상의 필요를 발견할 수 있게 해주었던 것이다. 그의 글은 그가 세상에 기여하기 위한 도구에 불과했다.

전해 내려오는 사막 교부들의 이야기가 있다. 세티스의 한 수사가 압바 모세를 만나러 가서 한마디 해달라고 간청하였다. 압바 모세는 "가서 네 작은 독방에 앉아 있으면 독방이 모든 것을 가르쳐 줄 것이다"라고 답하였다. 사막 교부들의 전통은 내 기준에서는 지나치게 금욕적이고 급진적이지만, 그 전통이 남긴 진리는 시대를 초월하는 권면으로 남아 있다. 우리는 자신과 세상에 어떤 공헌을 할 수 있는지를 발견할 만큼 자주, 그리고 오랫동안 우리의 독방에 앉아 있어야 한다. 다른 방법은 없다.

성경의 많은 영웅이 겪은 광야 경험은 그들로 도피하거나 돌아갈 곳 없는 고독을 받아들이게 만들었다. 모세, 요셉, 다윗, 바울, 그리고 심지어 예수님도 그러했다. 특히 모세 이야기가 정곡을 찌른다. 왕자였을 때, 모세는 자기 자신을 알지 못하고 아직 내적 자유를 찾지 못한 상태에서, '세상의 갈급함'을 보고 자신의 손으로 그 문제들을 해결하려고 애굽 사람 한 명을 죽였다. 그로 인해 그는 큰 곤경에 처했고 살기 위해 도망쳐야 했다. 광야에서 40년간 양을 돌보다가 그는 '세상의 갈급함'을 채워 주라는 하나님의 부르심을 분별하고 순종할 수 있었다. 헨리 나우웬의 권면이 여기에 적합하다. 그는 「영적 발돋움: 영적 삶의 세 가지 운동」(Reaching out: The Three movement of the Spiritual Life, Dell Publishing Group, 두란노 역간)에서 영적인 삶을 위한 첫 번째 노력은 외로움의 사막에서 고독의 정원으로 옮겨 가는 것이라고 하였다. 우리 중 누구도 외로움을 피할 수 없다. 문제는 외로움을 어떻게 받아들이는가이다. 즉 우리가 어떻게 외로움을 하나님으로부터 온 초청으로 받아들일 수 있을지가 중요하다.

우리 모두는 각기 독특한 은사를 가지고 있다. 하나님은 우리가 이 선물들을 우리와 그리스도의 몸, 그리고 세상을 위해 사용하고 관리하기 원하신다. 그러나 고독이 없으면 이런 은사들은 시끄러운 꽹과리나 요란한 징소리가 될 수 있다. 그렇다면 고독에 머무는 것은 우리가 어디서 어떻게 우리의 은사, 재능, 열정, 기술을 활용할 수 있는지를 내적으로 분별하는 데 결정적으로 중요한 과정이 된다.

앞으로 우리 부부의 열망 중 하나는 안식년 이후에도 고독을 지키고 육성하는 것이다. 이 소망은 우리 삶에 실질적인 영향을 끼칠 것이다. 이를 위해 우리는 치러야 할 대가가 무엇인지 알고 있다. 우리는 고독의 리듬을 잃고 싶지 않다. 이 놀라운 고독의 선물과 의무를 맛보고 음미한 우리는 이것이 우리 삶의 바로 지금 단계에서 소중하게 관리할 가치가 있다는 것을 깨닫는다.

네게 무엇을 하여 주기를 원하느냐?

_나사렛 예수

온전히
살아 있기 위해

깨어나기

예수님이 눈이 보이지 않는 바디매오에게 하신 질문(막 10:46-52 참조)은 마치 오늘 나에게 하시는 질문처럼 다가온다.

나는 캘리포니아의 라구나 코스트 윌더네스 파크 등산로에서 세 친구와 하이킹을 한 적이 있다. 우리는 대학 시절부터 지금까지 친구로 지내오고 있다. 그곳은 바닷가 가까이에 있었지만 기대하던 시원한 바닷바람은 별로 느낄 수 없었다. 등산을 하기에는 더운 날씨였지만, 그 시간을 함께할 수 있어서 무척 기뻤다. 우리 모두는 '60세'라는 큰 고개를 넘어가는 나이에 다다르고 있다. 코로나19 기간에 가족에게 일어난 일, 하는 일, 신체에 문제가 생기기 시작한 부분들, 그래서 자신을 어떻게 잘 돌볼 수 있는지 등등 오랜만에 만났을 때 나눌 법한 대화를 하게 되었다.

한 친구는 선교사이자 상담가이다. 그와 그의 아내는 대만에서 여러 해 동안 사역하였다. 그는 근래에 상담을 공부하고 훈련받아 상담가로 일하게 되었다. 나는 그가 아주 즐겁게 (사역이라고 해도 전혀 손색이 없는) 그 일을 하는 것을 보았다. 그는 불안하고 어려움에 처한 많은 배를 위해 안전한 항구 역할을 잘하고 있다. 또 다른 친구는 실력 있는 약사로서 여러 해 동안 약국을 잘 운영해 왔다. 독서광인 그는 와인 감정가이기도 하며 그 밖의 독특하고 맛있는 음료에 대해서도 잘 알고 있다. 적절한 시간에 적절한 곳에서 적절한 사람들과 함께하는 재주를 가지고 있는 그는 사람과 자원을 연결시키는 일을 아주 잘하는 친구다. 그리고 또 한 친구는 점점 성장하는 회계사 사무실을 공동 운영하는 공인 회계사이다. 자타가 공인하는 일 중독자이지만 이제는 (5년 이내에) 은퇴할 준비를 하면서 삶의 속도를 늦추고 '인생의 정수를 체득하는 일'에 집중하고 있다. 그는 긍휼과 동정심을 가지고 어려운 사람들을 세심하게 돌보고 보호하는 일을 해왔다.

우리 대화의 중요한 주제 중 하나는 다가오는 은퇴에 열정을 갖고 뭔가를 하는 것에 관한 것이었다. 현재 하는 일이 제대로 포착하거나 담아 내지 못하는 다른 열정이 얼마나 많은가를 생각해 보았다. 교회에서 봉사하고, 운동하고, 여행하고, 공부하고, 성인이 된 아이들과 시간을 보내는 것과 같은 단순하고 평범한 일부터 아시아의 소외 계층 어린이들을 돕기 위한 비영리 단체를 설립하는 일, 사람들이 재정을 더 잘 관리하고 청지기 역할을 잘하여 또 다른 누군가를 도울 수 있는 사람이 되도록 돕는 일, 그리고 사람들의 고통과 불만, 어려움이 무엇인지 깊이 경청하고 실제적이고 지속 가능한 해결책을 제시하는 일 등 열정을 쏟고 싶으나 잘 실천하지 못해 안타까운 일들에 이르기까지 다양하다.

다음날 나는 예수님이 바디매오에게 물으신 것이 기억나서 그 질문을 나에게 적용해 보았다. "내가 너를 위해 무엇을 해주기를 원하느냐?" 여기서 '나'는 예수님이다! 전적으로 신뢰하고 믿을 만한 분인 예수님. 그런 예수님이 내 앞에 서서 이 질문을 하시고 따뜻한 눈빛으로 나를 바라보시면서 내 응답을 기다리시는 모습을 상상해 보았다. 그 밖의 모든 것은 초점 밖의 희미한 모습으로 남아 있다. 바디매오의 경우와 마찬가지로, 내가 말하고 싶은 것을 표현할 수 있는 단어를 찾아 배열하기도 전에 이미 예수님은 내 반응이 무엇인지 알고 계신다고 믿는다. 예수님은 항상 나보다 앞서 가시기 때문에 나는 영원히 그분을 뒤쫓아 갈 수밖에 없다. 예수님이 길이시다.

그러고 나서 나는 예수님에게 부지불식간에 이렇게 말하였다. "저는 조용하고 사람이 붐비지 않는 곳에서 소박하고 바쁘지 않으며, 의미 있는 삶을 살고 싶습니다." 10년 전이라면 나는 이런 말을 하지 않았을 것이다. 그러니 이 말이 나 자신에게도 충격을 준 것은 이상할 것이 없다.

삶의 작은 것에서 기쁨을 찾고 싶다. 라벤더 향을 맡고, 나비가 나는 것을 바라보며, 시와 그림, 노래 및 기타 창작물에서 의미를 찾고, 사람들을 하나님의 선물로 인식할 수 있을 만큼 아주 느리게 살고 싶다. 그밖에도 많은 것이 있다.

나는 독서하고 글을 쓰고 강의를 하고 싶다. 이는 성장하고, 이해하고, 인식하며, 전달하려는 나의 욕구를 함축시킨 것이다. 하나님, 우리 자신 그리고 다른 사람들과의 교감과 공감을 위해 대화하려는 것이다. 나는 얼마 전에 무언가 나누어 주려고 어떤 영성 함양 모임에 자원해서 참석했다. 그때 나는 '말해야 해!'라는 내면의 울부짖음을 표출하였다. 그때 아내는 내가 한 그 말이 내 영혼에서 터져 나오는 사자의 포효처럼 들렸다고 했다.

나는 아내와 함께 앞으로도 계속 영성 함양 모임에 참여하고 싶다. 우리는 지난 몇 달간 대여섯 그룹을 돕는 일을 하면서 무척 즐거웠다. 서로 부족한 것을 보완하면서 큰 기쁨이 솟아오르는 것을 경험했다. 나는 사람들이 그들 안에 있는 하나님의 신성한 청사진을 발견하도록 안내하고 성장해 가도록 돕는 일을 하고 싶다. 그들은 모두 하나님의 형상대로 창조된 자들이니까. '나'라고 하였지만 사실은 이미 역사하고 계시는 성령님의 적극적 조력자가 되고 싶다. 그런 다음에 나는 예수님이 "가거라! 네 믿음이 너를 구원하고 낫게 했다"라고 말씀하시는 것을 상상해 보았다.

순례자가 순례자에게

우리에게 고난은 약속된 것이다.

_C. S. 루이스

우리에게

친구와 선생이 되는

고난

나는 지금까지 살아오면서 때때로 고난이 나를 환상에서 깨어나게 해주는 자명종 같은 역할을 한다는 것을 알게 되었다. 고난은 현재 상태와 피상성을 유지하게 하는 겉모습을 무너뜨린다. 고통은 또한 "만약"이 아니라 "언제"의 문제다. 고난은 누구도 차별하지 않고 예외 없이 우리 모두를 덮쳐 온다. 그러므로 중요한 것은 고난에 눌려 있을 **때**에 우리가 어떻게 반응하는가이다. 고난을 겪고 있을 때 인생에서 가장 날카롭고 어려운 질문을 하게 될 것이다. "하나님은 지금 어디에 있는가? 하나님은 어떤 분인가? 하나님이 아무 말 없이 멍하게 계시는 이유는 무엇인가? 제대로 된 삶은 대체 어떤 것인가?" 고난은 심오한 수수께끼다. 고난을 겪으면서 "나는 내가 왜 이런 일을 겪는지 정확히 알고 있어"라고 말할 수 있는 사람은 아무도 없다.

리더로서 나는 여러 해 동안 고난을 겪었다. 어떤 고난은 다른 고난들보다 고통스러웠다. "그 사람이 어떤 리더인지는 그 사람 등에 꽂힌 화살을 보면 알 수 있다"라는 말이 있다. 나는 개척자 역할을 해왔기 때문에 화살이 정면으로 날아오는 것도 개의치 않았다. 그렇지만 화살은 뒤에서 날아왔다. 그런 화살은 받아들이기가 어려웠다. 하지만 때로는 그런 화살을 받아 마땅하다는 생각을 하기도 했다. 내가 선의를 가지고 합법적으로 내린 결정들이 때로는 어떤 사람들을 어렵게 만들기도 했다. 이를 통해 내가 배운 것은 사람들이 나의 의도가 아니라 자신에게 끼친 충격, 즉 자신이 어떻게 느꼈느냐에 따라 나를 판단한다는 것이다. 그리고 나는 그 충격에 대해 미안하다고 말해야 한다는 것도 배웠다. 그 사과는 그들의 입장을 인식하고 존중한다는 의미다.

모든 인간관계에서 오해는 늘 있게 마련이다. 그렇지만 내가 전혀 통제할 수 없는 일로 인해 오해가 생기면 받아들이기가 어렵다. 리더가 좋은 것과 더 좋은 것 사이에서 선택해야 할 경우에는 문제가 좀 있더라도 사람들은 대체로 용인한다. 그러나 나쁜 것과 더 나쁜 것 사이에서 선택해야 할 경우에는 비난받을 가능성이 높다. 특히 재정과 관련된 일에 대해서는 아주 자세히 들여다보고 분석해야 한다. 문제가 생길 가능성이 높으니까.

실제적인 의미에서 리더가 된다는 것은 고난을 당하는 것이다.

순례자가 순례자에게

리더는 자신이 통제할 수 있다고 생각하지만, 단지 가능한 최선의 결정을 하기 위해 애쓸 뿐이다. 그렇게 해서 부정적인 충격이 완화되기를 바랄 뿐이다. 훨씬 실제적인 의미에서 인간이 된다는 것은 고난을 당하는 것이다.

고난은 종종 우리를 하나님 또는 어떤 신성한 존재 앞으로 끌고 간다. 고난은 우리 능력으로는 어떻게 할 수 없거나 우리 계획대로 일이 이루어지지 않을 때 찾아온다. 리처드 로어는 고난을 "언제든 우리가 계획한 것이 마음대로 되지 않을 때 다가오는 것"[17]이라고 정의한다. 고난이 가져오는 아픔의 크기는 통제에 대한 우리의 인식과 정비례한다. 무엇이든 우리가 통제하지 못하는 것이 우리가 고난이라고 여기는 반응을 부른다. 고난의 주요 싸움터는 마음에 있고 고통은 몸에 있다(고난은 고통으로 이어질 수 있으며 그 반대의 경우도 마찬가지다). 통제에 대한 우리의 인식보다 고난이 실재한다는 것이 더 현실적인 문제가 된다. 우리의 통제 감각은 숨겨져 있으므로 환상이다. 고난은 실재이고 통제는 환상이다.

그러므로 내려놓음은 고통의 반대이다. 내려놓음은 무엇보다도 우리가 통제하고 있다는 느낌을 잃어버리는 것이다. 내려놓음은 '무엇에게'가 아니라 '누구에게' 항복하고 복종하는 것이다. 우리가 처한 현실에 뿌리를 둔 이 과정은 우리가 굴복하는지, 싸우는지, 아니면 도

주하는지를 식별할 수 있게 해준다. 우리는 개념이나 아이디어에 굴복하지 않고 **인격체**이신 하나님에게 굴복한다.

내려놓음은 **현재**에 순응하는 것이기도 하다. **지금 이 순간에 집중하고 충실하게 살도록 하는 것은 가장 중요한 영적 훈련 중 하나이다.** 내려놓음은 '항복'이라고 하기보다는 현재에 '순응'하는 것으로, 우리 자아의 견고함을 엄중한 **현재**가 그대로 지배하도록 내어 주는 것이다.

에니어그램 7번 유형에 속하는 나에게는 이러한 훈련이 현실적으로 불가능하다. 내 마음은 종종 미래에 고착되어 있기 때문이다. 나(또는 나의 자아)는 미래, 즉 아무런 고난 없는 미래를 생각함으로써 현재의 고난을 회피하곤 한다. 나의 미래 지향적인 마음은 종종 현재의 육신을 배반한다. 내 경우에는 현재의 순간과 **궁극적인 실재**를 그대로 받아들이기 위해 나의 육신(현재 이 순간에만 느낄 수 있는 것이다)에 집중하는 것을 훈련해야 한다.

고난은 인생에서 가장 훌륭하고 놀라운 선생이다. 대답을 재촉하지 않고 고난을 친구이자 교사로 받아들이는 법을 배우면 인생에서 가장 예상치 못한 결실 중 하나를 얻게 된다.

내 인생을 돌아보면 거의 예외 없이 고난을 겪을 때마다 성장한 것을 보게 된다. '위대한 영적 진리', '실패로 인한 성장이라는 인식', '좌절을 맛본 후의 돌파구', 어떻게 부르든 간에 비슷한 진리를 이야

순례자가 순례자에게

기한다. 하나님은 우리를 시험에 들게 하지도 않으시고, 그렇게 하시려는 의지도 갖고 계시지 않지만 내가 완전히 알 수 없는 어떤 이유로 나에게 고난을 허락하신다(이것은 미스터리다. 욥을 생각해 보라). 그 이유 중 하나는 고난은 하나님이 우리에게 허락하신, 그 누구도 빼앗을 수 없는 자유와 함께 주어지는 필수적인 것이기 때문이다.

지금의 내가 된 것은 내가 겪은 고난 때문이다. 하나님은 고난을 통해 나를 만들어 가신다. 그리고 내가 삶의 여정에서 만나는 사람들에게 선물로 줄 수 있는 것도 바로 내가 겪은 고난의 경험이다. 그리고 그 반대도 마찬가지다. 그렇게 되기 위해서 꼭 필요한 한 가지는 우리 모두가 자신의 고난의 흔적을 보여 주는 것이다. 모든 고난은 독특하면서 동시에 보편적이다. 우리 모두에게 고난의 모습은 유일무이한 것이지만, 고난의 특징은 인간으로 하여금 유대감을 갖도록 결속시켜 준다는 점은 보편적이다.

시편 46편 10절을 보라.

너희는 가만히 있어 내가 하나님 됨을 알지어다.

"가만히 있어"라는 구절은 히브리어로 한 단어이다. 스트롱의 성경 어휘 사전에 의하면 רָפָה(라파)라는 이 단어의 어근은 '느슨해지다'(많은 용례에서 문자적 또는 비유적으로 이 의미를 갖는다)라는 뜻이다. 감소, 중단, 소진, (저녁을 향해) 가까이 가기, 실패, 기절 (상태), 허약함, 포기, 쉬

153

는 상태, 떠남, 느슨한 (상태), 머무름, 가만히 있음, 게으름, 약해진 (상태) 등, "가만히 있어"는 멈추고, 실패하고, 기절하고, 연약하고, 포기하고, 느슨하고, 무엇인가(특히 손)를 놓아 버리는 것을 의미한다. 이 단어가 내포하는 의미에는 가라앉고, 긴장을 풀고, 떨어뜨리고, 놓아주고, 가만히 견디는 것 등이 있다. 손바닥을 위로 향하게 편 상태에서 아래로 내리고, "더 이상 내가 어쩔 수 없다"라고 말하는 자세이다. 즉 내려놓는 자세이다.

"알다"(יָדַע, 야다)라는 단어도 중요하다. 이 앎은 인지적 앎을 의미하지 않는다. 경험적이고 깊은 관계를 통해 아는 것을 말한다. 같은 단어가 성경에서 성적인 친밀함을 통해 "알다"라는 뜻으로 사용되기도 한다. 그것은 절대적으로 가장 친밀하고, 인격적으로 아는 것을 의미한다.

하나님은 우리가 통제하려 하지 않고, 잠잠하고, 내려놓고 손을 펼칠 때 자신을 드러내겠다고 약속하셨다. 이는 우리가 하던 것을 멈추고 내려놓아야 한다는 뜻이다. 이 구절을 의역하면 다음과 같을 것이다. "통제하려 들지 마라. 그러면 **하나님 자신**을 깊이 인격적으로 알게 되는 경험을 하게 될 것이다." 또는 "**하나님 자신**에 대한 깊고 친밀한 지식을 경험하기 위해 지금 내려놓으라." 이 구절이 의미하는 바에 대한 궁극적인 본보기는 예수님의 삶과 죽으심과 부활이다.

더 나아가 이 구절은 고난의 다른 면이 사랑임을 보여 준다. 하나님은 고난당하는 우리를 홀로 버려두지 않으시고, **사랑**이신 하나

순례자가 순례자에게

님은 우리를 구하러 다가오신다. 하나님을 인격적으로 친밀하게 알게 된다는 것은 하나님을 행동하시는 **사랑**으로 안다는 것이다. 언제나 변함없이 하나님은 우리에게 사랑으로 다가오신다.

시편 46편 10절 뒷부분을 보라.

내가 뭇 나라 중에서 높임을 받으리라 내가 세계 중에서 높임을 받으리라.

언뜻 보기에 10절 첫 문장에서 놀라운 비약을 하는 것처럼 보인다. 그러나 개인적인 깨달음과 보편적 깨달음 사이의 복잡하고 불가피한 연결성은 오직 하나님만 성취하실 수 있다!

인간의 마음이 가장 갈망하는 것은

자기 자신만 홀로 사랑받고 싶어 하는 것이다.

_존 오도나휴

나의 내적 욕구,
내적 아픔과 미몽에서

깨어나기

성경에서 반복되는 한 가지 중요한 모습은 하나님이 우리를 부르실 때 꼭 이름으로 부르신다는 것이다. 하나님은 우리를 부르실 때 이름 대신 "너" 혹은 "종"이라고 하시지 않는다. 우리는 군중 속의 이름 없는 존재가 아니다. "…… 내가 너를 지명하여 불렀나니 너는 내 것이라"고 이사야 43장 1절은 말하고 있다.

하나님은 우리가 그분의 소유라 하시며, 우리가 누구인지, 우리가 살아가는 동안 어디에 있는지에 따라 우리 이름을 부르신다고 말씀하신다. 그분의 부르심은 우리 모두가 같은 존재 중 하나가 아니라 독특한 존재라는 사실을 바탕으로 이루어진다. 이러한 관점으로 볼 때 부르심의 결과와 우리가 누구인지, 그리고 우리가 어떤 사람이 되어 가는지는 매우 중요하다. 우리는 그저 하나님이 우리에게 맡기신 과업을 감당하는 일꾼이 되어야 하는 것이 아니다.

여러 해 동안 나는 내가 맡은 과업에 묻혀 있었다. 하루를 마칠 때면 나는 별로 중요하지 않은 것같이 느꼈다. 나의 감정과 내 영혼의 깊은 갈망은 중요하지 않았다.

「영원한 메아리」(Eternal Echoes)에서 존 오도나휴는 "인간이 가장 갈망하는 것은 자기 자신만 홀로 사랑받고 싶어 하는 것이다"라고 말했다. 만약 이것이 옳다면('만약'이라고 했지만 사실 나는 삶의 여정에서 이것이 진실하다는 것을 경험해 왔다) 이 갈망은 바로 내 영혼이 처절하게 느껴 온 공허함이다. 여러 해 동안 나는 주로 예수님을 따르려는 **순종의 자세**로 사역해 왔다. 복음이 모든 사람에게 전해지는 '과업 달성'을 위해서 어디든 가고, 무엇이든 기꺼이 하려고 했다. 솔직히 처음에는 **죄책감**으로 인해 내가 모든 것을 포기해야 하고 예수님을 위해서 나의 '이름'을 포함하여 나의 삶 전부를 바쳐야 한다는 강한 확신을 갖고 있었다. 예수님이 내가 그렇게 하기를 원하신다고 믿은 것이다.

그 후에 내가 주님을 따르려는 동기는 **죄책감**에서 **순종**으로, 그리고 다시 **하나님의 영광**으로 바뀌었다. 솔직히 말하자면, 죄책감의 시기는 그리 오래가지 않았다. 순종이 동기였을 때 나는 그 동기로 인해, 그리고 그 동기를 충족하기 위해 다른 사람들을 선교 사역에 동원하는 일을 했다. 부분적으로 순종하는 것은 전혀 순종하지 않는 것과 같다는 생각이 나 자신을 움직이는 원동력이었다. 나는 다른 사람들을 가르칠 때 허드슨 테일러의 "예수님이 모든 영역에서 주님이 아니라면, 아예 주님이 아니시다"라는 말을 인용하곤 하였다.

상당 기간 동안 **하나님의 영광**을 순종보다 훨씬 가치 있는 것으로 생각했다. 그때도 나에게 익숙한 '나 자신에 대해 죽는'(이것이 나쁘다는 것은 아니다) 자세가 내 속에 있었고, 나 자신의 영광이 아니라 하나님의 영광이 중요하다(이것이 잘못되었다는 것은 아니다)는 것을 강조하였다. 그런 자세와 생각이 나쁘거나 잘못된 것은 아니지만, 불완전하고 단편적이며, 따라서 온전하지 못한 것이었다. 내가 깨닫기 시작한 것은 죄책감, 순종, 하나님의 영광이라는 틀 속에서 나는 계속 별 가치 없는 존재가 된 것이다. 나는 **죽어야** 하고, **포기해야** 하며, **내려놓아야** 할 존재였다. 거기에는 내가 누구이며 어떤 사람이 되어 가고 있는가를 찾을 여지가 없었다.

요즘에는 **사랑**이 나의 존재와 정체성, 그리고 사역의 기본적인 틀이 되는 상황으로 바뀌었다. "네가 내 눈에 보배롭고 존귀하며 내가 너를 사랑하였은즉⋯⋯"(사 43:4). 이 말씀처럼 하나님은 우리를 사랑하시기 때문에 우리 이름을 부르시며, 우리를 구원하시며, 우리를 보호하신다. 이 사랑은 하나님이 우리를 창조하시고 다듬어 가시며(사 43:1 참조), 우리가 우리 자신에 대해 알 수 있는 것보다 많이 우리를 속속들이 아신다는 확고한 기초에 뿌리를 두고 있다.

예수님은 복음서에서 모든 율법은 다음과 같은 명령으로 요약할 수 있다고 하셨다.

네 마음을 다하고 목숨을 다하고 뜻을 다하여 주 너의 하나님을 사랑하라 …… [그리고] 네 이웃을 네 자신같이 사랑하라(마 22:37, 39).

나는 하나님의 사랑으로 인해 지금의 내가 되었다. 나는 또한 하나님의 사랑으로 인해 내가 지금 행하는 것을 해야 한다. 내가 누구이고 어떤 사람이 되어 가고 있는가를 생각할 때 내가 할 수 있는 유일하고 올바른 반응은 하나님을 사랑하는 것이다. 하나님을 사랑하기 때문에 하는 행동은 곧 내가 나의 이웃을 사랑하는 것(이는 원수라고 생각하는 사람들뿐만 아니라 나와 많은 것이 다른 민족들을 포함한다), 그리고 나 자신을 사랑하는 것이다.

궁극적으로 하나님은 그 어떤 것도 헛되게 하지 않으신다. 하나님은 이 세상, 그리고 우리 가운데에서 당신의 목적을 이루어 가신다. 사랑은 원인과 결과, 양편 모두에서 멈출 수 없는 원동력이다.

토머스 머튼은 "사랑에 의해 우리 영혼이 하나님의 바로 그 '형상'을 부여받을 수 있다고 할 수 있을까? 성 베르나르의 표현을 빌리자면 이 형상, 즉 하나님의 이 온유함은 정체성이며, 하나님은 바로 이 정체성을 위해 우리를 만드셨다"[18]고 하였다.

나는 이 사랑에 복종하기로 작정했다. 결과적으로 우리는 사랑하기 때문에 순종한다. 우리는 사랑하기 때문에 하나님에게 영광을 돌린다. 이는 원-원-원 시나리오이며 이를 성취할 수 있는 분은 오직 하나님 밖에 없다.

---

18   토마스 머튼의 「요나의 표적」(*The Sign of Jonas*)을 인용했다.

하나님은 베푸시기 위해 존재하시고,

우리는 받기 위해 존재한다.

_마이스터 에크하르트

환상과
보이지 않는 것을

헤쳐 나가기

내 인생은 내가 알고 인정하는 것보다 훨씬 환상과 보이지 않는 것에
의해 지배되고 있다. 나는 내 삶을 통제하고 내가 원하는 대로 내 삶
을 이끌어 가며 살 수 있는 능력이 있다고 생각한다. 사실 이것은 엄
청난 환상이다. 이 환상은 신기루처럼 작동하여 잘못된 예측을 하게
하고, 나 자신과 내 삶의 가치를 잘못 평가하게 만든다. 잘못 쌓은 탑
처럼 환상은 빠르게 붕괴되어 나에게 현실이 참으로 가혹하다는 것
과 '비현실적인' 현실이 펼쳐질 수 있다는 것을 실제적으로 알려 준다.
그러나 그 탑의 무너져 버린 상태를 인정하면, 이 가혹함은 우리에게
하나님의 보이지 않는 선물이 된다. 그 무너진 것이 나의 에고이다.
　　프론티어 벤처스 대표가 되는 것이 내가 쌓으려 한 탑 중 하나였

163

다. 나는 이 유명한 선교 단체의 설립자인 랄프 윈터 박사에게 매료되었다. 그는 비저너리(visionary)였다. 그의 영향으로 나는 해외로 나가 사역하기보다는 동원가로서 국내에 머무르기로 하고 오랫동안 그 기관 소속으로 일하였다. 비록 주저하기는 했지만 내가 대표직을 수락한 것은 순종해야 한다는 생각 때문이었다. 그러나 시간이 지남에 따라 나의 에고가 다시 고개를 들고 나와 결국 '내 머릿속에' 자리 잡게 되었다. 나는 그것이 그동안 내 마음 뒤편에 숨어 있었다는 것을 알고 있다. 그리고 진심으로 내 모든 노력이 반드시 내 에고에 도움이 되는 것은 아니라고 생각했다. 거기에는 환상이 아주 조심스럽게 만들어져 있다는 사실이 은폐되어 있었다.

내가 대표직에서 물러날 시기가 되었을 때, 내가 쌓은 탑이 와르르 무너졌다. 나의 에고가 타격을 입었고 나는 필사적으로 에고를 지키기 위해 애쓰고 있었다. 그때 하나님이 나에게 조용한 속삭임으로, 그러나 분명한 울림으로 "아들아, 이 결정은 너(진정한 자아)에게 정말 좋은 결정이다"라고 말씀하시는 것을 들을 수 있었다.

실제에 대한 나의 해석과 **실제**는 결코 완벽하게 일치하지 않는다. 둘 사이에는 항상 간격이 있다. 내 인생 목표 중 하나는 이 간격을 좁히는 것이다. 종종 나는 **나에게 보이는 대로** 현실을 보며, 더 나쁜 경우에는 **내가 보고 싶은 대로** 본다. 나는 **보이는 대로** 보지 못하고 있다.

순례자가 순례자에게

환상은 내 에고에서 비롯되는 실제에 대한 해석의 기초가 된다. 그것이 환상인 것은 내가 나의 에고에 맞추고 이를 북돋기 위해 왜곡하기 때문이다(좀 더 나 자신에게 공정하게 말한다면 어떤 해석은 나의 에고에서 비롯된 것은 아니므로 내 탓만은 아니다). 사색에 대한 파커 파머의 정의는 정곡을 찌른다. 그는 "사색은 환상을 꿰뚫고 들어가 실제에 뿌리내리기 위해 사용하는 모든 방법"[19]이라고 말한다. 쉽게 알아볼 수 있다면 환상이 아니다. 환상은 주도면밀하고 치밀하게 스며들어 있어서 잘 노출되지 않고, 꿰뚫고 들어가기가 어렵기 때문이다. 무엇이 옳은지를 아는 것이 거의 불가능한 이유는 그 주위를 감싸고 있는 환상을 꿰뚫기 위해 정직하게 자신의 약점마저 드러내 놓는 작업이 필요하기 때문이다. 그렇게 환상을 꿰뚫기 위해서는 먼저 솔직하고, 정직한 인식과 있는 그대로를 인정하는 자세가 필요하다. 그와 동시에 자기를 불쌍히 여기는 마음으로 해야 한다.

먼저 타락이 있다. 그러고 나서 그 타락에서 회복된다. 두 가지 모두 하나님의 자비하심이다.[20]

---

19 파커 파머의 「모든 것의 가장자리에서: 나이듦에 관한 일곱 가지 프리즘」(*On the Brink of Everything: Grace, Gravity and Getting Old*, 글항아리 역간)을 인용했다.

20 노리치의 줄리안의 「하나님 사랑의 계시」(*Revelations of Divine Love*, 은성 역간)를 인용했다.

노리치의 줄리안의 이 통찰은 많은 도움이 된다. 타락은 하나님의 자비하심이다. 타락이 나를 환상에서 깨어나게 한다. 환상이 클수록 타락도 심해진다. 회복은 하나님의 보이지 않는 은혜와 자비의 역사이다. 나는 회복이 임하고 있는지, 언제 임하였는지 알지 못한다. 타락이 심할수록 하나님의 자비도 크다. 자비로 넘치는 회복의 과정은 하나님이 만드시고 연출하시는 것이어서 나의 시각과 시야로는 볼 수 없다.

하나님의 실제를 왜곡하는 환상에서 깨어나는 것과 하나님의 은혜와 자비가 눈에는 보이지 않는다는 것을 경험하는 것은 완벽하게 단짝을 이루어 역사한다. 둘 다 처음에는 보이지 않는다. 환상을 인식하기 위해서는 평생 마음을 다해 우리의 에고가 어떻게 작동하는지에 대해 끈질기게 탐구하려는 자세가 필요하다. 그러나 보이지 않는 하나님의 자비를 경험하는 것은 **전적으로** 은혜이다. 결코 우리의 노력으로 경험할 수 있는 것이 아니다. 우리의 노력은 전혀 소용없다. 그렇지 않으면 은혜가 아니다.

에크하르트는 "하나님은 베푸시기 위해 존재하시고 우리는 받기 위해 존재한다"라고 말했다. 태고부터 영원히, 우리 존재의 특성은 하나님으로부터 받는다는 것이다. 그 하나님의 이름은 준다는 의미를 갖고 있다.

순례자가 순례자에게

증오를 증오로 되갚는 것은 증오를 증폭시키고

이미 별빛조차도 없는 캄캄한 밤의 어둠을 더 깊게 만든다.

어둠은 어둠을 몰아 낼 수 없다. 오직 빛만이 그것을 할 수 있다.

증오는 증오를 몰아 낼 수 없다. 오직 사랑만이 그렇게 할 수 있다.

_마틴 루터 킹

나의 존재와
다른 이들의 존재에 대해

하나님에게
감사하기

몇 년 전, 아내와 나는 친척 결혼식에 참석하기 위해 로스앤젤레스에서 피닉스를 향해 고속도로를 달리고 있었다. 건조하고 선인장이 자라는 길고 단조로운 길이었다. 나는 운전하며 산상수훈(마 5:43-48 참조)에 나오는 원수를 사랑하는 것에 대한 예수님의 말씀을, 새롭고도 아주 다른 나의 시각으로 서투르게 해석하며 아내와 나누기 시작했다.

산상수훈은 유명한 팔복으로 시작한다. 팔복을 읽을 때마다 나는 예수님이 정하신 '기준'에 못 미친다고 생각했다. 나는 내가 그 기준에 미치지 못하는 경우가 많다는 것 때문에 비참함을 느끼곤 했다. 이 구절이 가난하고 온유하며 의에 굶주려야 하는 등의 조건을 충족할 것을 요구하는 것으로 읽곤 했다. 그렇게 할 때에 하나님이 나를 축복하시거나 내가 축복받은 사람이 된다고 생각했다.

그런데 시간이 지나면서 점점 팔복 자체가 복음이라는 것을 깨닫게 되었다. 팔복은 조건을 제시한 것이 아니고, 처벌을 염두에 둔 것도 아니다. 그것은 높은 도덕적 성취를 하라는 요청도 아니다. 우리가 긍휼히 여기고 애통해 하고 마음이 청결할 때('그렇게 한다면'이 아니라), 축복을 받거나 하나님의 임재하심이 우리와 함께 있을 것이라는 말이다.

나는 거의 언제나 가난하지도, 온유하지도, 긍휼히 여기지도, 마음이 청결하지도 않다. 사실 나는 예수님이 말씀하신 것과 거의 정반대인 사람이다. 우리가 반대편으로 크게 쏠려 있는 것이 사실이지만 그럼에도 우리는 여전히 **그 복을 받을 만하기도 하고 그렇지 않기도 하다.** 우리 모두가 그렇다.

그런 다음 지체 없이 예수님은 세상의 빛과 소금이 되는 것에 대해 말씀하셨다(잠시 후에 이 부분에 대해 내가 묵상한 것을 설명해 보려 한다). 그 다음 부분에는 예수님이 성경(구약 성경)을 재해석하고 그 성경이 성취된 것이 자기 자신임을 보여 주시기 위해, 길고 장황해 보이지만 깨달음과 충격을 주는 말씀이 나온다. 예수님은 율법을 무시한 것이 아니다. 「메시지」 성경은 "나는 그 모든 것을 거대한 하나의 파노라마 속에 아우를 것이다"(마 5:17)라고 표현하였다. 그 다음에 원수를 사랑하라고 한 부분이 나온다.

순례자가 순례자에게

운전 중에 나는 아내에게 원수를 사랑하라는 것은 하나님의 축복 대상이 될 수 없는 자기 자신을 사랑하라는 의미라고 장황하게 설명했다. 그것은 진정한 자아의 원수인 **내면의** 원수를 사랑하라는 것이다(물론 나는 예수님이 원수를 주로 다른 사람을 의미하는 것으로 말씀하셨다고 생각한다. 그러나 나는 또한 성경 말씀의 의미와 깊이가 다층적이라는 것을 경험했기 때문에 이러한 나의 생각을 제시하는 것이다). 다시 말해서, 예수님은 우리에게 스스로를 동정하는 마음을 갖고 정죄와 증오함 없이, 하나님의 축복 대상이 될 수 없는 우리 자신의 그 원수 같은 부분을 사랑하라고 말씀하신 것이기도 하다는 말이다. 존 오도나휴가 은혜를 "언제나 따뜻한 하나님의 온유하심"이라고 정의한 것을 적용하면 원수에게 은혜를 베풀라는 말을 이해할 수 있다. 그는 계속해서 은혜는 "황량한 겨울에 봄이 끊임없이 스며드는 것"이라고 하였다. (팔복으로 돌아가서) 다시 말하지만, 우리 모두가 그 복을 받을 만하기도 하고 그렇지 않기도 하다는 것이 사실이기 때문에 그러하다는 것이다.

우리가 이 세상의 빛과 소금이라는 것은 바로 우리의 '**그 복을 받을 만하기도 하고 그렇지 않기도 한 상태**'와 '**처지**' 가운데에서 그러하다는 말이다. 우리는 소금과 빛이 되려고 할 필요가 없다. 그냥 우리가 **그러하기** 때문이다. 이것이 의미하는 바는 에고가 좋아하는 완벽함, 우월함, 확실성을 가지고 세상에 접근하지 않는 것이다. 마침내 우리는 모든 인류에 대해 **연민과 연대감**을 가질 수 있다.

알렉산드리아의 필론은 "당신이 만나는 모든 사람을 친절하게 대하라. 그들은 각기 엄청난 싸움을 하고 있다"라고 말했다. 우리는 다정하고 겸손하게 다른 사람들과 진정으로 함께할 수 있다. 그것은 바로 우리가 연대와 겸손의 상태에 있으면서, 이 세상의 신실한 빛과 소금이 될 수 있다는 것이다. 5장은 다음 구절로 마무리된다.

> 그러므로 하늘에 계신 너희 아버지의 온전하심과 같이 너희도 온전하라(마 5:48).

여기서 '온전'이라는 단어는 오해를 불러일으키기 쉽다. 나는 이 단어가 도덕적인 완전함이 아니라 성장과 성숙에 관한 것이라고 생각한다. 유진 피터슨이 「메시지」 성경에서 쓴 표현에 공감한다. 그는 다음과 같이 이 구절을 펼쳐 간다.

> 한마디로 내 말은, 성숙한 사람이 되라는 것이다. 너희는 천국 백성이다. 그러니 천국 백성답게 살아라. 하나님이 주신 너희 신분에 합당하게 살아라. 하나님께서 너희에게 하시는 것처럼, 너희도 다른 사람들을 대할 때 너그럽고 인자하게 살아라.

모든 진실을 말하되 비스듬히 말하라.

진실은 에둘러 말하는 것이 좋다.

우리의 기쁨은 견고하지 못하여,

진실의 엄청난 습격이 너무 눈부실 것이므로.

어린아이에게 친절하게 설명하면

번개를 무서워하지 않듯이,

진실도 서서히 눈부시게 해야 한다.

그렇지 않으면 모든 사람이 눈이 멀리라.

_에밀리 디킨슨

비스듬히

말하라

나는 종종 과거에 쓴 논문이나 블로그, 주고받은 이메일까지 다시 읽어 본다(사람들이 내 글을 읽고 반응을 보이기 때문에 읽어야만 할 때도 있다). 솔직히 고백하자면 그렇게 과거에 내가 쓴 글을 읽을 때마다 지나치게 지적이고, 현실과는 동떨어져 있고, 성급하고, 상세한 설명이 부족하다는 느낌을 받는다.

나는 인내심이 부족한 작가라서 자세히 설명하기 위해 시간과 공을 들이지 않는다. 성급하게 한 이야기에서 다른 이야기로 홀쩍 넘어가면서 그 두 이야기 사이의 관계를 제대로 설명하지 않곤 한다. 어떤 독자들은 이 이야기에서 저 이야기로 어떻게 넘어갔는지를 다시 묻기도 한다. 나는 에니어그램 7번 유형이며, 이 유형에 속한 사람들이 흔히 그렇듯이 분주한 마음을 갖고 있다. 또 다른 고백을 하자면, 나는 사용 설명서를 제대로 읽지 않거나 그대로 따르지 않는다. 더 정확히 말하면 그렇게 할 수가 없다. 그렇게 하라고 하면 미쳐 버릴 것 같다. 아내와 아이들은 알고 있다. 나는 이케아 가구를 조립할 때 기억하고 싶지 않을 정도로 엉망으로 만들어 버린 경우가 많다. (내 표현으로는) 그저 상세하고 따분하지만 때로는 도움이 되는 조립 설명서의 지침을 따르지 않았기 때문이다. 블로그 게시글을 쓸 때 거의 늘 아내가 내 삶에서의 예를 들어 보라고 조언하기도 한다. 가끔 아내가 하라는 대로 하는데, 내 블로그 게시글에 나타난 예가 그럴듯하고 내용이 알차다고 느껴진다면 그것은 아내의 충고 덕분이다.

이 글쓰기가 (특히 안식년 동안) 나에게 큰 도움이 된 것이 사실이다. 글쓰기 덕분에 미래를 생각해 볼 뿐 아니라 과거를 돌아볼 수 있었다. 나는 그러한 과정을 거쳐 생각한 것이 반드시 객관적인 진리가 아니라(앞으로도 계속 그럴 것이다) 주관적으로 해석된, 편향된 진리라는 것을 알고 있다. 나는 이런 방법으로 내가 누구인지, 과거, 현재, 미래를 어떻게 인식하는지를 깨닫게 되었다. 나는 그것이 나 자신에게 진리를 말하되 **비스듬히 말하는** 방식이라고 생각한다.

나는 편협하고 제한적인 필터링을 하려는 시도를 통해 진리를 오염시키는 경향이 있기 때문에 여러 면에서 직설적인 진리를 받아들이지 못한다는 것을 새롭게 깨달았다. 나에게 **비스듬히** 다가오는 진리는 삶의 올바른 원리를 깨닫게 해준다. 나는 그에 맞추어 내 삶이

지향하는 바를 재조정하는 시간을 가질 수 있다. 그 시간은 불편하지만 소중한 시간이다. (미국에 살지만 한국인인 나는 이렇게 비스듬히 말하는 것을 좋아한다. 진리 또는 진실을 직설적으로 말하여 상대를 당황하게 만들기보다는 좀 더 자연스럽고 쉽게 받아들일 수 있도록 에둘러 표현하는 의사소통 방식이 좋기 때문이다. 한 가지 작은 차이를 지적하자면 한국식 배경에서는 비스듬히 말하는 것이 진리로 인해 당황하지 않게 하려는 의도라기보다는 상대방의 체면을 세워 주려는 의도가 강하다는 것이다.)

진리가 우리에게 비스듬히 다가온다는 것은 우리 자신의 삶의 행로가 의문과 자문자답으로 가득 차 있다는 것을 깨달으면서 하나님의 가시적인 은혜를 경험하는 것과 같다고 생각한다. 따라서 진리가 모든 사람을 눈멀지 않게 하려면 점진적으로 밝게 나타나야 한다.

바울이 말한 것처럼 정말로 중요한 것은 예수님과 십자가 사건뿐이다(고전 2:2 참조). 다른 것들은 부차적이거나 거기에도 못 미치는 것들뿐이다. 따라서 우리는 예수 그리스도와 십자가에 못 박힌 그분의 렌즈를 통해 인생에서 일어나는 모든 일을 걸러 내야 한다. 예수 그리스도는 출생, 어린 시절, 직업, 하나님과 성령과의 관계, 가르침, 질문, 치유, 기사와 표적, 가족, 제자 및 죄인들과의 관계, 그리고 종교와 정치 지도자들과의 대결을 통해 자신을 보여 주신 분이다. 때로는 비범하고 때로는 평범한 삶을 사셨으며, 대부분의 일은 이름도 없이 낙후된 갈릴리 촌구석에서 이루어졌고 이방인 지역과 예루살렘까지 펼쳐졌다.

일본의 신학자 고야마 고스케는 보통 사람이 시속 4.8킬로미터로 걸을 수 있다는 것을 염두에 두고 예수님을 "시속 4.8킬로미터의 하나님"이라고 하였는데, 이는 아주 적절한 표현인 것 같다. 예수님은 삶에 분명한 초점이 있으셨고 이 세상에 오신 이유도 분명하였지만 결코 서두르지 않으셨다. 그분은 다중 작업 방식으로 놀라운 업적을 이루려 하지 않으셨다. 그것은 인간의 몸을 입고 나타나신 하나님의 놀라운 절제를 보여 준다.

예수님이 보여 주신 삶의 방식은 우리가 그분을 따르고 본받을 수 있게 한다. 또한 예수님이 이 땅에서 하신 일과 그 삶을 어떻게 사셨는지를 살펴보면 예수님은 진리를 비스듬히 말하는 데 있어서 탁월한 분이었음을 알게 된다. 그리고 예수님이 십자가에 달려 죽으시고 부활하신 사건은 궁극적으로 이 땅에서의 사역과 승천하심의 정점을 이룬 것이다.

나는 전문가로서 글을 쓰는 것이 아니라 구도자로서 글을 쓴다. 그것이 진리를 찾아 붙잡으려는 나의 방식이다. 나의 글이 궁극적으로 내 삶에서 예수 그리스도의 실재를 반영하며, 나에게 그리고 가능하면 내가 말하려는 내용과 방식에 공감하는 다른 사람들에게 삶의 의미를 갖도록 돕는 것이라고 스스로를 설득하고 있다. 그러므로 내가 해야 할 일은 예수님의 길을 가로막는 모든 것을 분별하고 제거하

순례자가 순례자에게

는 것이다. 결국 그것은 예수 그리스도가 **영원한 길, 영원한 진리, 그리고 영생의 길**이심을 깊이 깨닫고 내 삶에서 실현하는 것이다. 그 이상도, 이하도 아니다.

기쁨은 영혼을 낚을 수 있는 사랑의 그물이다.

_마더 테레사

단순함과
연대의

선물

세계적인 감염병 대유행 기간에 나의 마음을 사로잡고 기도 제목이 되었던 두 단어는 '단순함'과 '연대'였다.

아내는 지난 2년여 동안 소그룹 영적 지도를 도왔으며 나는 약 6 개월 전에 그 그룹에 합류하였다. 최근 아내는 요즘 우리가 느끼는 주된 감정을 탐색하는 작업을 인도하였다. 이를 통해 나는 내가 갖고 있는 가장 중요한 두 가지 감정은 '만족'과 '기쁨'임을 알게 되었다. 이 결과에 놀라지 않을 수 없었다. 나는 내가 불만족스럽고, 슬프고, 실망하고 있는 줄 알았다. 특히 안식년에 대해 내가 기대한 멋진 꿈이 감염병 대유행으로 인해 산산조각 났기 때문이다. 나는 내 마음을 더 깊이 파고들어가 내가 정말로 이러한 감정을 느끼고 있는지를 확인하기 위해 구체적인 상황을 점검해 보았다. 그 결과 나는 현재와 같은 삶을 살아가는 데 더 필요한 것이 별로 없다는 것 때문에 만족을 느끼고 있음을 깨달았다. 집에 먹을 것이 있고, 생필품을 얼마든지 구입할 수 있다(이제 화장지도 확보하였다! 며칠 전에는 2주분 밖에 남아 있지 않았다). 날씨에 따라 갈아입을 옷이 있으며, 잠을 잘 수 있는 집도 있다.

내가 지속적인 기쁨을 느끼고 있는 것은 주로 성인이 된 자녀들과의 일상적인 관계 때문이기도 하다(현재 네 아이 중 세 명이 우리와 함께 살고 있다). 한나는 "아빠, 내가 무엇을 만들어 드릴까요?"라고 물으며, 호두를 넣은 커다란 초콜릿 칩 쿠키를 두 번 만들어 주었고, 건강에 유익한 디저트도 만들어서 나를 기쁘게 해주었다. 때때로 나는 한나와 함께 우리 집 반려견 허스키를 앞세우고 산책을 하며 이런저런 이야기를 나눈다(이 글 마지막 부분에서 독자들과 공유하기를 원하는 제안 중 하나는 그 산책 중에 나온 것이다!). 아내와 나는 거의 매일 밤 마이클과 함께 한국의 텔레비전 프로그램인 〈비긴 어게인〉 시즌3을 시청한다. 이 프로그램은 한국 뮤지션들이 유럽을 여행하면서 길거리 공연하는 것을 보여준다. 그리고 마이클과 함께 게임을 하곤 한다. 며칠 전에는 마이클이 "아빠, 나랑 캐치볼(야구공 던지고 받기) 할까요?"라고 요청하였다. 또한 나는 브래드가 집에 있는 것만으로도 참 좋다. 그는 우리 가족 중 가장 내성적인 사람으로 자신의 방에서 공부하고 혼자 지내는 것을 좋아한다. 우리 가족은 거의 매일 함께 저녁 식사를 즐긴다. 집을 떠나 미네소타주 세인트폴에 살고 있는 엘리자베스와 기분 좋은 삶의 이야기를 문자 메시지로 주고받는 것도 즐거운 일이다. **여기서 더 바랄 것이 뭐가 있을까?** 게다가 내가 느린 삶을 살게 되면서 이전에는 놓치고 있던 것들을 보게 될 만큼 변했으니 얼마나 좋은가.

이러한 만족감과 기쁨의 감정에 대해 깊이 생각하면서 나는 특히 어떤 성취도 바라지 않는, 현재 삶의 의미와 선물과도 같은 단순함에 감사하고 있다. 내 인생에 처음으로 의미 있는 쉼표를 찍으면서 그동안 나는 거의 '일하는 것'을 멈추지 않았다는 새로운 깨달음을 얻었다. 코로나19는 우리에게 쉬라고 하고, 그렇게 할 수밖에 없도록 봉쇄해 버렸다. 또한 만족과 기쁨은 삶에서 대단해 보이는 것들과 뛰어난 업적에 대한 허황된 생각에서 솟아나는 것이 아니라 소박하고 단순한 것에서 비롯된다는 것을 알게 되었다. 나는 재빨리 한 걸음 더 나아가 '어떻게 하면 코로나 바이러스 대유행 위기와 안식년 후에도 단순함의 감각과, 이에 대한 경외심과 끌리는 마음을 유지할 수 있을까?'를 고민하게 되었다.

다음으로 연대에 대해 생각해 보자. 연대의 사전적 정의는 "그룹 구성원 또는 계층, 민족 간의 공통된 책임과 관심에서 생겨나는 연합 또는 친교"이다. '상호 의존'과 '함께'라는 개념이 연대의 핵심이다. 연대는 바로 성육신의 영에 겸손한 발과 손을 붙여 준다. 연대는 성육신의 사역이 현실에 소박하고 견고하게 뿌리내리게 하는 능력이다.

이 코로나 바이러스 유행병이 온 세상을 휩쓰는 동안 인류 전체가 고통과 상실을 경험하고 있기 때문에 모두가 다른 사람들과 고통을 나누고 함께하는 능력이 커졌으리라 생각한다. 고난이 있는 곳에 고난을 당하시는 그리스도가 계신다. 연대는 타인과 함께 고통받고, 기뻐하며, 그저 다른 사람들과 '함께 대응하려는' 의도와 의지다. 그것은 어떤 하나의 종교적, 지역적, 문화적 관심이나 목표를 위한 것이 아니라 **인간**으로서의 '연합 또는 친교'이다. 그렇기 때문에 이 기간에 우리는 엄청난 것이든 작은 것이든 세계적 상호 의존을 경험할 수 있는 전례 없는 기회를 맞이한 것이다. 내 생애에 (혹은 인류 역사상 다른 어떤 시대에도) 우리 인류 전체가 이처럼 같은 곤경을 함께 겪은 경우는 없다. **전혀!**

보기를 원하는가?

그렇다면, 귀를 기울이라.

_성 베르나르

누구에게

귀를
기울이는가?

우리는 듣고 싶은 것만 듣는 경향이 있다. 듣기와 보기는 우리 삶의 토대가 되는 영적 기초를 이루는 두 개의 초석이다. 우리가 누구의 목소리에 귀 기울이는지 또는 어떤 말을 들으려 하는지가 영적 훈련의 핵심이다. 지난 여러 해 동안 나는 날카로운 내적 비판을 포함하여 나의 자아를 형성하는 데 도움이 되는 모든 말과 다양한 목소리에 귀 기울여 들으려고 노력했다. 그러나 이 양편 모두 내 영혼의 목소리를 깊이 듣는 데 방해가 된다. 나는 나에게 가장 가혹한 비평가가 될 수 있으며, 이는 나로 하여금 피해 의식을 갖게 하고, 나에게 선한 것이 아무것도 없다는 믿음을 갖게 할 수 있다. 나는 또한 솔직하면서도 사람을 살리는 조언을 무시하고 차단하여 찬사와 칭찬의 홍수 속에 빠져서 스스로 우쭐해질 수도 있다. 내 속에 있는 세미한 목소리(하나님이 말씀하는 것일 때가 많음)를 알아채고 그 의미를 깨닫는 것은 쉬운 일이 아니다. 이 세미한 목소리가 들릴 때는 그 목소리가 종종 순식간에 직관적인 공간에서 들려오기 때문에 도대체 어디에서 왔는지 어리둥절할 때가 많다. 나는 여전히 세미한 목소리를 감지하는 법을 배우고 있으며, 내가 성장할 수 있는 유일한 방법은 들은 것을 실천해 보는 것임을 알고 있다. 실천해 보면 내가 들은 것이 하나님의 생각인지 내 생각인지를 알게 될 때가 많다.

개별적으로 듣는 것을 넘어서 우리가 속한 문화, 사회, 조직, 교회가 누구의 말을 경청하고 있는가를 살펴보면 우리가 한 집단으로서 어디에 머무르고 있는지를 실시간으로 알 수 있다.

'내가 어떤 사람인가' 하는 것은 '내가 무엇을 믿는가'보다는 '내가 어떤 것을 정상적이라고 받아들이는가' 또는 '어떤 것을 엉뚱하다고 받아들이는가'(또는 그 중간 어디쯤에 있는지)를 통해 더 잘 알 수 있다. 즉 우리가 어떤 것에 귀를 기울이는지 확인하는 것이 중요하다는 말이다. '우리가 무엇을 경청하는가'는 또한 우리가 갖고 있으면서도 의식하지 못하는 여러 전제에 대해 많은 것을 보여 준다. 우리는 이러한 전제로 인해 경청하지 못하는 경우가 많다. 어떤 전제를 갖고 있느냐에 따라 우리가 경청해야 할 것을 무시하거나 상관없는 것으로 치부하기 때문이다. 우리 삶은 우리가 갖고 있는 전제에 지배받기 때문에 그 전제가 무엇인지 의식하지 못하는 것은 아주 위험하다.

순례자가 순례자에게

따라서 인간의 영적 여정에서 우리가 누구의 목소리에 귀를 기울여야 하는지를 분별하는 것은 매우 중요하다. 나는 다양한 경험을 바탕으로 다음과 같은 목소리에 더 많이 귀 기울이게 되었다.

- **돈이나 생계로 인해 휘둘리지 않는 목소리다.** 나는 이미 이 문제와 씨름했다. 이 점에 있어서 나는 내가 '돈' 때문에 이 말을 하고 있지는 않은지 점검하는 것이 가장 중요하다는 것을 알게 되었다. 돈에 휘둘리지 않는 사람들은 그들의 생각을 말할 때 좀 더 자유롭고 정직하기 쉽다. 그러나 그렇게 하는 말이 언제나 옳은 것은 아니다. 이러한 거침없는 목소리는 일반적 규범으로 받아들여지는 시스템과 구조 밖에서 나온다. 이러한 목소리는 우리가 꼭 경청해야 할 선지자적이고 사도적인 목소리다. 선지자와 사도들은 시스템 밖과 가장자리에 있다. 기독교 작가 레이첼 헬드 에반스가 말한 것처럼 우리는 이 '엉뚱한 사람들'(weirdos)에게 귀를 기울여야 한다. 월터 브루그만은 이를 '소외된 주변부(marginality)의 목소리'라고 하였다.
- **열정이 담긴 목소리다.** 비이기적인 것이 확실한 주장에는 열정이 담겨 있다. 이러한 열정은 세월이 보증해 주는 것이므로 이기적이거나 자기중심적이지 않고 변덕스럽지도 않다. 이러한 열정은 세상에 선한 것을 가져다주는 잠재력이 있다.
- **주변부의 목소리다.** 이러한 목소리는 가난하고 소외되고 힘없는

사람들에게서 나온다. 이것은 앞에서 말한 첫 번째 요점과 연결되어 있다. 다시 말하지만, 나는 이러한 목소리가 힘과 통제력을 가진 사람들의 목소리보다 본질적으로 좋거나 나은 목소리라고 말하는 것이 아니다. 그러나 그 목소리가 이기적 동기에 관한 시험을 통과했다면 반드시 귀 기울여 들어야 한다는 것이다. 내가 젊은이들의 말을 경청하는 것도 바로 이러한 이유에서다. 쉽게 만족하지 못하는 이상주의에서 나오는 그들의 신음 소리는 현실에 대해 따끔한 질타가 되고 미래에 대해 신선한 통찰을 갖게 한다. 이는 우리가 경청할 만한 가치가 있는 것이다.

- **다양한 문화의 목소리다.** 이러한 목소리는 전 세계의 다양한 문화를 대표한다. 우리는 이 목소리를 편견 없이 공평하게 들어야 한다. 나와 배경이나 문화가 매우 다른 사람들의 목소리라고 할지라도 앞의 세 가지 요건을 충족한 것일 때는 많은 것을 배울 수 있다. 그렇게 귀를 기울일 때 성경 말씀이 생명을 갖게 된다. 이를 통해 나는 나의 문화에 대해 배웠고, 나와 다른 사람들과 어울릴 때 어떻게 행동해야 하는지를 알게 되었다.

- **경청하는 사람들의 목소리다.** 이러한 목소리는 다른 사람의 말을 경청하고 주의 깊게 들을 때 나온다. 다른 사람의 목소리를 경청하지 않고 쉽게 판단을 내리고 **율법을 들이밀** 준비가 되어 있는 사람의 말에는 괘념치 말라. 다른 사람, 특히 소외된 주변부의 목소리를 겸손하게 경청하는 사람들의 말에 귀를 기울이자.

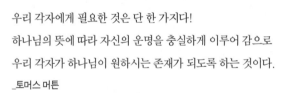

우리 각자에게 필요한 것은 단 한 가지다!
하나님의 뜻에 따라 자신의 운명을 충실하게 이루어 감으로
우리 각자가 하나님이 원하시는 존재가 되도록 하는 것이다.
_토머스 머튼

이 세상이
'나의' 세상보다

크다는 것을
깨닫기

다른 사람들로부터 우리 영혼이 고립되면 안전할 것이라고 생각할 수도 있겠지만 이는 지속될 수 없는 망상일 뿐이며 그러한 상태에서는 우리 영혼이 건강할 수가 없다. 고립된 자아는 스스로 감지한 해악에서 자신을 보호하려는 자기 보존적 자아다. 이런 식으로 대처하는 것은 학습된 방어 행동으로, 누적된 깊은 상처와 아픔이 주는 고통을 회피해 보려는 시도에서 나온 것이다.

확실히 공동체는 많은 것이 뒤죽박죽 엉켜 있고 그 속에 걱정거리가 넘치며 엄청난 고통 가운데 혼란스러울 때가 많다. 동시에 공동체에는 풍요로움과 기쁨, 성장과 성숙을 가능케 하는 충분한 기회도 있다. 그 안에서 고통과 어려움을 겪지만 그 누구도 공동체를 떠나서 사는 것은 불가능하다. 공동체를 모르거나 거기에 속하지 않은 영혼은 다른 어려움이 없다고 하더라도 불안할 수밖에 없다.

나는 지금까지 여러 공동체의 일원으로 살아오면서 앞에서 언급한 모든 상황을 경험했다. 모든 공동체 안에는 풍요가 있지만 고통도 있다. 나 역시 그 풍요와 고통을 제공하기도 하고 받기도 했다. 나는 공동체 안에서 나 자신의 최악의 상태와 최고의 상태를 보았다. 최악의 상태는 성장의 기회가 될 수 있는 반면, 최고의 상태는 몰락을 가져올 수도 있다. 우리 모두는 그렇게 살아간다.

내가 어디에 있든지 하나님도 거기에 계신다. 나의 영적인 노정에서 이러한 확신을 갖게 되기까지 수십 년이 걸렸다. 나는 하나님이 역사하시는 곳을 찾아가서 하나님과 함께해야 한다고 생각했고 또 그렇게 가르쳐왔다. 나의 영성에서 가장 큰 과제는 하나님이 역사하시는 곳을 찾아내어 하나님의 동역자가 되는 것이었다. 그러나 세월이 흐르면서 나의 영성이 반드시 하나님이 역사하시는 곳을 찾아내어 하나님과 함께하는 것이 아니라, 오히려 하나님이 주신 자아의 "집으로 가는 것"이며, 하나님이 내 인생 한가운데 계시다는 것을 깨닫는 것임을 알았다. 그리고 하나님은 늘 내가 하나님을 인식할 때까지 참고 기다리신다(결코 강요하지 않으신다)는 사실을 깨닫기 시작하였다.

나의 삶은 매우 평범할 때도 있었고, 거친 풍파를 헤치고 나가야 할 때도 있었다. 또한 길을 잃고 낙심한 경우도 많았지만 새로운 모험

순례자가 순례자에게

과 흥분으로 가득 차 있고, 희망과 사랑이 넘칠 때도 있었다. 내 인생 전체가 그렇게 펼쳐져 왔다.

나는 우리 삶을 넘어 하나님이 사역하시는 곳을 찾아나서는 것의 유익을 부정하지 않는다. 하나님이 어디에서 역사하고 계신지를 이해하는 데 있어 한 가지 열쇠는 먼저 우리 삶에서 하나님의 임재를 분별하고 인식하는 것이다. 이러한 내적인 인식은 우리 삶을 넘어 역사하시는 하나님을 인식하는 데 필요한 기반이 된다.

더 깊이 들어가면 하나님을 경험한다고 말할 때, 우리는 마침내 하나님이 우리를 완전히, 그리고 완벽하게 알고 계신다는 사실을 깨닫게 되었음을 의미하는 것이다. 그것은 우리가 하나님을 알 수 있는 능력이나 자신감에 관한 것보다는 하나님이 우리를 속속들이, 완전하게 알고 계신다는 것에 관한 것이다. 그러므로 하나님에 대한 우리의 지식은 하나님이 우리를 아신다는 것을 받아들일 때 얻을 수 있다.

같은 방식으로 우리가 공동체로서 어디에 있든지 간에 예수님과 하나님, 성령님도 그곳에 계신다("두세 사람이 내 이름으로 모인 곳에는 나도 그들 중에 있느니라"[마 18:20]고 예수님이 말씀하셨다). 참되고 사랑으로 넘치는 공동체에 인류가 본능적으로 끌리고 그런 곳을 찾게 되는 것은 그 근원이 다름 아닌 삼위일체 하나님에게 있기 때문이다. 삼위일체는 삼위가 하나로 존재하시며 동시에 삼위로서 각기 한 분으로 계시는 완벽한 공동체이다.

어디에 있든지 그곳에서 하나님의 임재를 인식하게 되면, (다른 사람과 자연을 포함한) 타자 가운데 임재하시는 하나님을 인식하는 능력과 가능성이 커진다. 그 다음으로 이 환대하는 능력이 기반이 되어 그 위에 안전한 공동체가 세워질 수 있다. 공동체가 모두를 위해 또 모두로부터 안전하다고 인식되면, 바로 그곳에서 하나님의 창조성과 진정성이 온전히 나타나며 매력을 발산하게 되고, 따라서 공동체의 범위가 확장되며 그 깊이가 깊어지는 것이다. 내 삶에 하나님이 임재하시는 것처럼, 하나님은 타자 속에도 임재하신다.

아내와 나는 계속해서 우리와 함께 영적 동행을 하고 있는 몇몇 공동체에 속해 있다. 이 동행자들과 친밀하고 안전하게 하나님을 따를 수 있는 참된 믿음의 공동체이다. 우리는 이 공동체 안에서 서로를 통해 하나님의 임재를 점점 깊이 느끼고 그 인식이 커지는 것을 경험했다. 코로나19가 급속히 확산되기 전에는 직접 만나서 삶을 나누지 않으면 이런 일이 불가능하다고 생각했다. 그러나 코로나19로 인한 어려움을 겪으면서 다음 시즌에 우리 사역이 무엇이 될 것인지에 대해 비전을 갖게 되었다.

하나님이 우리 삶에 임재하신다는 사실이 반드시 우리가 삶에서 언제나 하나님의 임재를 인식한다는 것을 의미하지는 않는다. 중요한 것은 인식과 수용이다. 단순하고, 완전하며, 완벽하게 인생의 많은 우여곡절을 자각하는 것이 인식이다. 수용은 현실을 있는 그대로 받아들이며 지금 이 순간을 살아가는 것이다. 인식은 지금 어떻게 살아야 하는지에 관한 지혜를 갖게 하며, 수용은 지금 내려놓는 것으로 나타난다.

집에 대한 애틋한 그리움이 우리 모두에게 깃들어 있다.
집은 우리가 우리 자신 그대로의 모습으로 지낼 수 있고
어떤 의심도 받지 않는 안전한 곳이다.

_마야 안젤루

현대
성소로서의

안전한
공간

우리 영혼은 스스로 안전하다고 느낄 때 자신을 드러내어 하나님이 주신 웅장함과 기묘함을 보여 준다. 그때 수줍음과 약간의 주저함이 있을 수는 있다. 토머스 머튼은 우리 영혼을 깊은 숲에 살고 있는 사나우면서도 수줍은 동물로 묘사했는데, 이 동물은 안전할 때에만 나타난다고 하였다. 나는 살면서 이것을 두 영역에서 반복적으로 경험했다.

첫째, 내가 나 자신의 영혼에 대해 안전하다고 느낄 때, 즉 자기 비난 모드에 있지 않고 스스로를 불쌍히 여길 때 내면적 성찰과 내적 과정을 솔직하게 표현할 수 있었다. 내 영혼이 안전하다고 느끼지도 않고 내 영혼에 대해 친절하지도 않아서 소망과 회복의 모든 요소를 잃어버린 경우가 아주 많았다. 자신을 불쌍히 여기는 것은 의심할 여지 없이 사람이 자신에게 할 수 있는 가장 용감한 행동이다. 그것은 바로 "그러므로 이제 그리스도 예수 안에 있는 자들에게는 결코 정죄가 없다"(롬 8:1)는 진리를 행동으로 실현하고 살아 내는 일이다. 자신의 영혼에 안전한 공간을 제공하는 과정은 나뉘지 않고 그 자신이 온전히 하나님의 자비하심을 경험하는 것으로 묘사될 수 있다.

둘째, 공동체에서 안전한 공간을 구현하는 것과 관련된 것이다. 공동체의 대다수가 자신의 영혼에 안전한 공간을 만들 때, 항상 그들이 속한 그룹이나 공동체에서도 안전한 공간을 만든다. 내가 내 영혼에 대해 안전하게 느낄 때, 다른 사람들의 영혼에 대해서도 안전하게 대할 수 있다. 그 반대도 마찬가지다.

안전한 공간은 취약하고 상처받은 영혼들에게 평안함과 자유를 준다. 우리가 실패와 실수를 용납할 때, 취약성(vulnerability, 연약함을 그대로 드러낼 수 있는 것)은 자유롭게 표현된다. 폐쇄적인 방어 자세를 고수하는 것은 극도로 힘들고 부담스러운 삶의 방식이 될 수 있다. 우리가 실패를 받아들이고 용납하게 되면, 즉 부풀려진 자아에 바람직한 탈출구가 생기게 되면, 우리는 하나님의 구속 역사를 받아들일 자세를 갖추는 것이고, 우리 영혼도 변화하게 된다. 이런 의미에서 실패를 용납하는 행동은 칭찬받을 만한 일이다. 실패는 따뜻하게 수용해야 하는 것이다.

실패를 인정하고 받아들이는 것이 쉽지 않다. 우리 자아가 그것

순례자가 순례자에게

을 받아들이고 싶어 하지 않기 때문이다. 에고는 다른 사람 또는 다른 어떤 것에 책임을 전가하는 일을 아주 잘한다. 하지만 이렇게 실패를 인정하는 것이 적절한 곳에서 이루어지면, 우리는 치유와 회복으로 나아가는 출발점에 서게 된다.

우리가 스스로에게 변혁적 규율을 부과하는 것은 자신의 영혼을 위한 안전한 공간을 만드는 것이며, 이것은 본질적으로 우리가 스스로를 정죄하여 파괴하고, 더 나아가 죽음의 나락으로 떨어져 버리게 하지 않는다는 것을 의미한다. 우리가 취약하고 상처받은 영혼들을 위한 안전한 공간을 만드는 공동체에 속할 때 변혁적인 힘이 솟아오른다.

당신의 고통은 깊고, 그냥 사라지지는 않을 것이다. 당신이 할 일은 그 고통을 자신의 것으로 만드는 것이다. 상처받은 그 부분이 성인이 된 당신에게 낯선 것으로 남아 있는 한, 당신의 고통은 다른 사람들뿐만 아니라 당신 자신도 아프게 할 것이다. 그렇다. 자신의 고통을 당신 자신의 일부로 받아들이고 그것이 당신의 마음과 다른 사람들의 마음에 열매 맺을 수 있게 해야 한다. 예수님이 당신에게 당신의 십자가를 지라고 하신 것이 바로 이런 의미이다.

예수님은 우리에게 자신만의 독특한 고통을 인식하고 받아들이며 구원의 길이 거기에 있음을 믿으라고 격려하신다. 십자가를 지는 것은 우선 상처를 친구 삼아 그것이 당신에게 자신의 진실을 드러내게 하는

것을 의미한다.[21]

헨리 나우웬은 우리의 독특한 상처, 그리고 그 상처로 공동체 안에서 서로 도울 수 있다면, 이를 "상처 입은 치유자"라고 부른다. 우리는 치유받은 우리만의 독특한 상처로 인해 치유자가 된다. 브레넌 매닝은 이를 다음과 같이 설명한다.

과거를 지우려는 헛된 시도를 하면 우리가 속한 공동체로부터 우리가 줄 수 있는 치유의 선물을 빼앗아 버리는 것이 된다. 두려움과 수치심 때문에 우리의 상처를 숨긴다면 내면의 어둠이 빛을 발하거나 다른 이들에게 빛이 될 수 없다.[22]

손턴 와일더는 그의 희곡 중 한 편에서 다음과 같이 말하였다.

당신에게 상처가 없다면 어디서 당신의 힘이 나타나겠는가? 상처 입은 병사만이 온전한 사랑이 절실한 전쟁터에서 섬기는 일을 할 수 있다.[23]

---

21   헨리 나우웬은 「마음에서 들려오는 사랑의 소리」(The Inner Voice of Love, 바오로딸 역간)에서 각 개인의 청지기적 책임을 아름답게 묘사하였다.
22   브레넌 매닝의 「아바의 자녀」를 인용했다.
23   손턴 와일더의 「단편 희곡 모음」(Collected Short Plays of Thornton Wilder)을 인용했다.

따라서 건강한 공동체에서는 서로 치유와 회복을 주고받는다. 보상이나 계약 같은 것에 의해서가 아니라 이렇게 서로 관대하게 주고받는 것은 진정한 하나님 은혜의 섭리가 실제로 역사한다는 표식이다. 이러한 역사는 치유받은 아픔을 통해 이루어진다. 예수님은 상처받고 망가진 상태를 그대로 받아들인 사람들을 결코 거부하거나 외면하지 않으시기 때문에 우리에게 안전한 주춧돌이 되시며, 그러한 고결한 관대함의 궁극적인 모델이 되신다.

나는 여러 공동체에서 그렇게 역사하시는 하나님의 무조건적인 은총을 경험한 산 증인이다. 캘리포니아 남부의 지역 공동체와 아울러 아내와 나는 1년의 안식년(2020년) 동안 미국 동부 지역과 한국, 세계의 다른 지역에 여러 개의 실질적 모임이 시작되는 것을 도왔다. 그이후로도 계속 모임이 이어지고 있다. 이 공동체들은 적게는 네 명부터 많게는 스무 명에 이르기까지 규모가 다양하다. 우리는 규모와 상관없이 그러한 모임이 삶을 변화시키는 안전한 공간의 역할을 하고 있음을 경험했다.

돌이켜 보면, 내가 여기까지 오게 된 것은 무엇보다 나의 환상과 깨어진 자아를 그대로 받아들인 용기 때문이며, 다음으로는 공동체가 그 안전한 공간을 통해 나의 망가진 상태를 받아들여 주었기 때문이다. 내가 절망 속에서 어찌할 바를 모를 때에 그러한 공동체를 경험하게 되었다는 것은 얼마나 감사한 일인가. 그때 나는 그 절박함이 내영혼에 회복과 부흥을 가져왔다는 것을 거의 깨닫지 못했다.

갈망은 마음의 보물이다.

_아우구스티누스

사랑을
향해

마음을
일깨우기

안전한 공간은 우리가 위험을 감수할 수 있게 해서 영혼이 갈망하는 바를 발견할 수 있게 해준다. 안전한 공간은 그런 갈망의 선물들을 수집하여 관리하고 다른 사람들도 그 선물들로 혜택을 볼 수 있도록 더 발전시켜 나간다. 나는 이렇게 우리의 갈망이 실현되는 것이 하나님 나라가 구체적으로 이 땅에 임하는 방식 중 하나라고 믿는다.

안전한 공간과 갈망과의 관계에 깊이 들어가기 전에, 우리 영혼이 갈망을 개별적으로 추구한 것을 생각해 보자. 우선 제럴드 메이의 「사랑의 각성」(*The Awakened Heart*)이라는 책에서 출발해 보자.

우리 모두는 이른바 마음이라고 하는 자신의 깊숙한 곳 가운데에 숨겨진 갈망을 지니고 있다. 그것은 태어날 때부터 주어진 것이며 완전히 충족되지도, 결코 사라지지도 않는다. 우리는 종종 **이를 의식하지 못한 채** 살아가지만 그 갈망은 언제나 **깨어** 있다. 우리의 진정한 정체성, 존재의 이유는 바로 이 갈망 안에서 발견할 수 있다.

그 갈망이 견디기 힘들 정도일 때, 우리는 그것을 분주한 활동과 생각 밑으로 파묻거나 혹은 삶의 바로 지금 이 순간에 대한 의식을 무디게 함으로써 회피하곤 한다. 이런 숨겨진 갈망을 몇 년 또는 심지어 몇 십 년 동안 줄곧 피하는 것은 가능하겠지만, 그것을 완전히 없애 버릴 수는 없다. 우리의 꿈과 희망, 방심한 순간의 **어렴풋한 암시**를 통해 이 갈망은 계속 우리를 흔든다.

"모든 지킬 만한 것 중에 더욱 네 마음을 지키라 생명의 근원이 이에서 남이니라"(잠 4:23)는 말씀을 영어 성경인 패션 역본(Passion Translation)은 "무엇보다도 먼저 네 마음의 사랑을 지켜라. 이는 너의 존재 모든 것에 영향을 끼치기 때문이다. 너의 가장 내면에 있는 존재가 건강하도록 힘쓰라. 거기서부터 생명의 샘이 흘러나온다"고 번역하였다.

우리 마음의 미묘하고 어렴풋이 갈라진 틈은 항상 깨어 있지만 종종 의식하지 못하는데, 이것이 의식 있는 영혼과 의식하지 못하는 영혼을 분리한다. 우리 마음이 각성한다는 것은 각자를 세심하게 창조하신 바로 그 하나님을 추구하는 것과 동일하다. 즉, 깨어 있는 마음과 하나님을 추구하는 것은 같은 여정이다. 1년의 안식년 기간에 나는 이것이 궁극적으로 내가 세우고자 하는 마음이라는 것을 느꼈다. 안식년 기간 중 어느 날, 아무도 내 삶과 내면의 존재를 지켜 줄 수 없고 그렇게 되어서도 안 된다는 생각이 들었다. 내가 바로 내 마음과 애정, 욕망의 관리인이다.

성경은 하나님이 우리와 항상 함께하신다고 말한다. 하나님이 가까이에 계신 것을 감지할 때도 있지만 그렇지 않을 때도 있다. 하나님이 가까이 계신지 아닌지를 알려 주는 것은 우리가 그것을 인식하고 있는가, 그렇지 못한가에 달려 있다. 가장 어려운 영적 탐구 중 하나는 삶의 모든 우여곡절을 통해 하나님이 가까이 계심에 대한 인식을 키워 가는 것이다.

제임스 스미스는 그의 책 「습관이 영성이다」(*You Are What You Love*, 비아토르 역간)에서 "제자도는 당신의 마음을 관리(curate)하고, 당신이 사랑하는 것에 주의를 기울이고, 그 사랑이 의도적이 되도록 하는 것"이라고 말했다. 나는 여기서 'curate'라는 단어를 사용한 것이 마음에 든다. '큐레이팅'은 세부 사항에 주의를 기울여 창의적이고 섬세하게 모든 과정을 의도적이며 체계적으로 이루어 가는 것을 의미한다. 이 단어가 달리 사용될 때도 있지만 예술, 박물관 및 공연 분야에서 자주 사용된다. 그것은 창조적인 과정이며, 그 과정은 억지로 할 수 없고 그냥 만들어지지도 않는다. 영감과 역동적 흐름이 있어야 한다. 따라서 우리 마음의 큐레이션은 창조적인 관심과 의도성을 필요로 한다. 더 나아가 우리가 **사랑하는 것**이 우리 마음의 큐레이션의 초점이 되어야 한다.

나는 생각을 정리하여 내가 원하는 방식으로 전달하기 위해 기록하는 과정을 좋아한다. 종종 어떤 글을 쓰기 시작할 때 그것이 어떻게 끝날지 모를 때도 있다. 내 생각과 글이 어떻게 흘러가는지 기대를 가지고 보게 되는 것은 매우 흥미롭다. 아주 가끔 무언가 나를 덮치는 것 같은 신비로운 경험을 할 때, 나는 그저 생각의 흐름에 따라 그러한 경험을 글로 적어 보곤 했다. 매주 블로그에 글을 하나씩 올리는 것은 나름대로 내 마음을 '큐레이팅'하고 내가 좋아하는 일을 하는 방법이다.

마음을 큐레이팅한다는 생각은 나에게 신선한 기쁨을 준다. 그것은 오랫동안 복음주의자들 중 일부가 제자도가 무엇인지에 대해 편협하고 온전하지 못한 정의를 하려는 경향이 있었기 때문이다. 우리는 생각, 지식, 또는 특정한 신념 체계에 편향된 초점을 맞춤으로써 우리가 알고 있다고 생각하는 것이 진리라고 확신하기 쉽다.

우리가 사랑하는 것을 찾는 것은 항상 우리가 행하는 것으로 표현될 수밖에 없다. 나는 이 제자도의 핵심이 공교롭게도 예수님의 산상수훈과 일치한다고 생각한다. 우리는 먼저 옳은 일을 하고 싶어 하는 사람이 되어야 한다. 올바른 마음은 올바른 행동으로 나타나게 되고, 샘이 시냇물보다 앞에 있는 것처럼 먼저 욕구가 있어야 행동을 하게 된다. 그리고 욕구와 행동 모두 사랑의 직접적이고 구체적인 결과다. 우리는 의도와 행동 양편 모두를 통해 사랑을 실천한다.

마음이 원하는 것과 우리가 사랑하는 것을 추구하는 것은 은밀하고 개인적인 여정이다. 동시에, 그것은 공동체적으로 얽혀 있다. 마음이 원하는 바를 통해 서로를 발견하고 내어 주는 것은 공동체적 환경에서만 공유하고 즐길 수 있다. 어느 누구도 섬이 아니다. 인간이 된다는 것은 욕구를 갖는 것이다. 우리는 공동체 안에서만 우리가 사랑하는 것을 제대로 발견할 수 있다.

큐레이션 과정에는 희미한 것, 힌트, 호기심, 그리고 멍한 순간에 주목하는 것이 들어 있다. 공동체적인 큐레이션 시도는 그처럼 반쯤 설익고 심지어는 취약하기까지 한 상태로 추구하는 것을 용납하는 안전한 공간을 보장한다. 또한 우리 시대에는 '미쳐 날뛰는 생각과 행동'이 넘쳐나기 때문에 공동체적 안전한 공간에서는 지체하고 멈추는 것이 가능하도록 창의력을 발휘하고 지켜 주는 일이 일어난다. 우리 영혼이 지체하는 것을 배우지 않는다면 우리 시대에서 미쳐 날뛰는 생각과 행동은 계속될 것이다. 나는 결국 우리가 사랑하는 것이 된다고 믿는다.

인생에서 가장 비극적인 것은
자신의 삶을 살지 못하는 것이다.
_청 킴

그러나 그녀의 존재가 주변 사람들에게 끼치는 영향은
헤아릴 수 없을 정도로 확산되었다.
왜냐하면 세상에 선한 것이 점점 많아지는 이유는
선한 일이 비역사적 행위에 **부분적으로** 의존하고 있기 때문이다.
그리고 당신과 나의 삶이 지금까지 그러했던 것처럼
그렇게 잘못되지 않은 것은 절반 정도는
별로 알려지지 않은 삶을 충실하게 살다가
이제는 찾아오는 사람이 없는 무덤 속에서 쉬는 분들 덕분이다.
_조지 엘리엇

숨겨지고
알려지지 않은

삶을 살기

엘리엇의 말과 함께 토머스 머튼이 「장자의 도」(The Way of Chuang Tzu, 은행나무 역간)에서 장자의 가르침을 언급한 내용을 살펴보라. 다음 글이 나오는 장의 제목은 "삶이 충만할 때는 역사가 없었다"이다.

그들[귀한 사람들]은 '의무를 다하고 있다'는 사실을 깨닫지 못했지만 정직하고 의로웠다. 그들은 서로 사랑했지만 그것이 '이웃 사랑'이라는 사실을 몰랐다. 그들은 아무도 속이지 않았지만 스스로 '신뢰할 만한 사람들'이라는 것을 의식하지 않았다. 그들은 의지할 수 있는 사람들이었지만 그것이 '선한 믿음'이라는 것을 몰랐다. 그들은 서로 주지함 없이 주고받았지만 스스로 관대하다고 생각하지 않았다. 이러한 이유로 그들의 행위는 알려지지 않았다. 그들은 역사에 기록되지 않았다.

코로나19가 아니었다면 우리는 지금 스페인에서 산티아고 순례 길을 걷고 있을 것이다. 집에 머무는 시간이 길어지면서 나와 아내는 꽤 많은 영화를 보았다. 우리는 추억을 더듬어 〈로마의 휴일〉을 보며 시대를 초월한 낭만적인 이야기에 빠져 들었다. 〈겨울 왕국 2〉, 〈유브 갓 메일〉, 〈작은 아씨들〉, 그리고 (나만을 위해) 무작위로 고른 중국 무술 영화, 한국 예능 프로그램이 지금까지 본 목록들이다.

아내와 나는 테렌스 맬릭 감독의 〈히든 라이프〉도 보았다. 나중에 우리는 맬릭이 〈트리 오브 라이프〉의 감독이란 사실을 알게 되었다. 몇 년 전, 아내와 나는 이 영화를 보고 정말 당황했다. 영화가 끝날 무렵 아내와 나는 말없이 표정으로 총체적인 당황스러움을 나누기도 했다. 〈히든 라이프〉를 감상하는 동안 처음에는 별로 빠져들지 않았지만, 점점 마음속에 맴도는 것이 있었다. 특히 영화 끝 부분에 나타난 조지 엘리엇의 인용문은 잊을 수가 없다. (걱정하지 않아도 된다. 여기서 결말을 공개하여 여러분의 영화 감상을 망칠 생각은 없다.)

나는 엘리엇의 말 속에 있는 숨겨진 심오한 진실이 궁금하여 반추하지 않을 수 없었다. 엘리엇은 '부분적으로'(partly)라는 단어를 공정하고 신중하게 사용하고 있다. 나라면 묵직하거나 좀 더 의미심장한 단어를 사용하고 싶었을 것이다. 〈히든 라이프〉의 주인공인 프란츠 예거슈태터는 히틀러에게 충성을 바치고 나치를 위해 싸우는 것을 거부한 오스트리아 농민이었다. 그는 매우 평범하면서도 매우 비범한 수많은 사람 중 한 명이었다.

'세상의 선'은 '세상의 악'과 확실한 대조를 이루어야 한다. 선과 악 사이에는 결판이 날 때까지 격렬한 싸움이 벌어진다.

리차드 로어는 그의 저서에서 다음과 같이 설명한다.

그러므로 그 마귀는 앞으로 나서서 거룩하게 보이고, 낭만적이고 이상적인 것처럼 나타나 찬사와 영광과 축하를 받을 만한 존재인 것처럼 보이게 하는 공공의 악들과 동일하다.[24]

로어는 계속해서 "바울은 이 세력들이 실제로 삶을 지배하고 있다는 것과 이 세력들은 모든 문화가 스스로 존속하기 위해 서로 암묵적으로 동의하여 이상적인 것처럼 꾸미는 것들 속에 숨어 있다는 것을 알고 있었다"라고 하였다. 로어는 결론적으로 "나는 바울과 그의 제자들이 죄가 그러한 망상에 개인적으로 연루되는 것과 아울러 사회적, 문화적, 또는 역사적 함정, 문화적 무분별 또는 속박으로 스스로를 드러낸다고 가르친다고 믿는다"라고 하였다.

역사는 이른바 역사에 이름을 남긴 사람들의 명단에 들어 있는

---

24   리차드 로어의 「우리는 악으로 무엇을 하는가?: 세상, 육신, 악마」(*What do we do we do with Evil?: The World, The Flesh, and The Devil*)를 인용했다.

그럴듯한 사람들에 의해서만 만들어지거나 발전되는 것이 아니다. 현대인들은 실제보다 미화된 영웅들을 거의 '경배'하는 마음을 갖는다. 특히 엔터테인먼트와 기술, 그리고 주로 지배적인 관점에서 역사를 바꾸고 비틀 수 있는 능력에 대한 우리의 필요 때문에 그렇게 되었다. 나는 그럴듯해 보이는, 좋지 못한 사람들을 옹호하려는 생각 자체를 폭로하는 고마운 사람들과 연대하여 이러한 주장을 한다. 그럴듯한 이 역사적 인물들은 거의 언제나 실제로 일이 벌어진 이후에 역사에서 '분수령을 이루는 순간'을 만들고 영향을 주어 신문 앞 장을 장식한 사람들이다. 우리는 그러한 '영웅들'에 매료되고 그중에는 그럴 만한 이유가 있는 경우도 있다. 나는 이 그럴듯한 사람들이 끼친 영향과 전반적인 유익을 평가절하할 생각이 없다. 그럴듯하게 보이는 사람들을 맹목적이고 무비판적으로 인정하려는 경향에 대해 문제를 제기하려는 것이다.

그럼에도 현실에서 영향력을 발휘하는 '신실함'과 '악함' 양편 모두 대부분 **숨겨져** 있기 때문에 선과 악의 싸움도 대부분 **드러나지** 않는다는 것은 큰 깨달음을 얻게 한다. 아마도 예수님을 따르는 자들로서 우리가 해야 할 하나의 공동 작업은 많은 사람의 유익을 위해 이 숨겨진 (선과 악 양편 모두) 일을 보이게 하는 것이다.

결론적으로 우리 영웅들의 삶이 숨겨져 있든 아니든(이것이 '부분적으로' 의존적이라는 것을 보여 준다) 간에 인간으로서 우리 자신의 독창성, 진정성, 창의성을 통해 할 수 있는 것을 청지기적으로 관리하는 것은

순례자가 순례자에게

우리 각자에게 달려 있다. 우리는 지금 특별한 시대 가운데 살아가고 있다. 이 시대는 진정한 용기와 창의성이 요구되는 때이며, 그러한 덕을 갖춘 영웅은 오늘날처럼 특별한 시대에 만들어진다. 내가 읽은 아드리안 반 캄이라는 네덜란드 신부의 책에 나오는 한 실화는 평화로운 시대에 어느 우체부가 게릴라 부대 리더가 되어 나치에 대항하는 전사로 변신한 이야기다.[25] 그의 '진짜' 또는 '진정한' 정체성은 전쟁이 발발할 때까지 숨겨져 있었고 발현되지 않았다. 위기(물론 외부 및 내부 위기가 다 포함되지만 이 경우에는 외부)는 우리의 진정한 모습을 드러나게 하는 경우가 많다. 위기는 우리로 하여금 우리의 본능과 하나님이 창조하신 우리의 타고난 성향에 따라 그 상황을 헤쳐 나가기 위해 바로 통과해야 하는 열린 문이다.

나는 하나님 나라가 대부분 찾아오는 사람이 별로 없는 무덤의 주인들, 즉 '역사에 기록되지 않은' 사람들의 숨겨지고 알려지지 않은 삶에 의해 세워지고 확장되었다고 믿는다. 예수님이 하신 하나님 나라 비유는 이렇게 대단하지 않고, 평범하지 않은 시선에서 눈에 띄도록 숨겨져 있다.

---

25   아드리안 반 캄의 「부러움과 독창성」(*Envy and Originality*)에 나오는 이야기다.

모순은 거짓의 표시가 아니며,
모순이 없는 것이 진실의 표시도 아니다.

_파스칼

내 안에 있는
성자와
죄인

모두를 포용하기

나라는 사람은 선과 악이 신비하게 뒤섞인 존재이다. 따라서 모순된 존재다. 나는 이 진리를 이론화하거나 이 모순이 진짜라는 것을 증명할 필요가 없다. 그것은 언제나 내 앞에 있기 때문에 나는 그러한 사실을 잘 알고 있다. 바울이 고백했듯이 나는 내가 해야 할 일을 하지 않고, 해서는 안 되는 일을 한다(나름 로마서 7장의 말씀 쉽게 풀어 쓴 것이다). 동시에 내 마음이 선하다는 증거는 때때로 나를 놀라게 한다. 누군가가 타인에게 하는 그런 선한 행동을 목격하면 나의 선하고 친절한 마음은 열렬한 환호와 기쁨으로 반응한다. 어떤 의미에서 기쁨은 나의 선함이 다른 사람들의 선함과 교차하는 것이다. 이 선한 마음은 내가 태어나기도 전에 어머니의 자궁에서 한 땀 한 땀 만들어져서 나에게 주어졌다. 나는 선함이 나에게 주어졌기 때문에 선하고, 선하게 행동한다. 나는 또한 죄를 짓게 되어 있는 존재로 태어났다. 내 안의 악은 또한 내가 숨 쉬는 바로 그 공기와 "공중 권세를 잡은 왕들과 권세자들"이 세운 막강한 체제에 길들여져 있다. 이러한 권세자들은 모든 인간을 속박하며, 이 모든 악한 지배를 도모하는 자들이다.

삶을 잘 살아 내기 위해서는 내 안에 있는 성자와 죄인을 모두 포용할 필요가 있다. 분명하게 내가 둘의 특성을 모두 가지고 있기 때문이다. 내가 한 극단에서 다른 극단으로 급히 왔다 갔다 하면, 기운을 잃고 진정한 변혁에 필요한 미묘한 균형을 잃게 된다. 선과 악을 모두 포용하는 것이 가져다주는 큰 선물은 우리에게 은혜로 다가오는 하나님의 무조건적인 사랑을 받아들일 수 있는 수용력이 생긴다는 것이다. 내가 선하고 그것이 사실이라고 믿는다면, 하나님의 사랑이 내 삶 속으로 들어올 여지가 없다. 내 안의 선은 당연히 어떤 절대적이고 신성한 선함에 대한 나의 욕구를 거부하고 배신할 것이다. 반대로 내가 악하다고 생각하고 내 삶을 그 증거로 삼는다면, 나는 본능적으로 사랑도 모르고 완벽하게 선한 그 어떤 것도 받아들일 수 없을 것이다.

변모된 삶의 궤적은 우리 내면의 성숙과 선함의 외적인 확장이며, 우리가 죄에서 배우는 겸손을 잃지 않는다. 또한 타인과 공감할 수 있는 역량을 갖게 된다. 우리 모두가 떨쳐버리지 못하는(우리가 의식하고 있다면) 모순은 인류 공동의 집단적 변혁을 이룰 수 있게 하는 것을 기꺼이 받아들이는 공간을 만든다. 그리고 우리가 정직하다면, 우리 모두는 모순 덩어리라는 것을 알기 때문에 서로에게 동료로서 깊은 동정을 느끼고 서로를 판단하는 일이 적어질 것이다. 우리는 진정으로 예수님의 황금률에 따라 살 수 있다. "그러므로 무엇이든지 남에게 대접을 받고자 하는 대로 너희도 남을 대접하라"(마 7:12)는 말씀처럼!

우리가 서로를 비교하고 판단하는 게임에 몰두하면, 결국 우리의 최선을 다른 사람의 최악과 비교하게 되고, 따라서 마귀의 엄청난 계략에 말려들게 된다. 나는 프랑스의 철학자이자 역사가인 르네 지라르의 '희생양 만들기'에 대한 정의를 리처드 로어가 쉽게 표현한 말을 좋아한다. 로어는 "희생양 만들기는 우리 자신을 미워하면서 다른 사람들을 공격하는 능력(그리고 역량)"[26]이라고 말한다.

아내와 나는 마지막 남은 1년의 대학 생활을 위해 학교로 돌아가는 막내 브래드를 산타크루스로 데려다 준 적이 있다. 학교까지는 5시간 30분 정도 운전하면 갈 수 있는 거리였다. 코로나19 동안 우리가 살고 있는 패서디나를 멀리 벗어나 보지 못했기 때문에 이것을 기회 삼아 드라이브와 경치를 즐기고 있었다. 운전을 하면서 나는 내 영혼이 광대하게 열린 공간을 갈구한다는 것을 새롭게 깨달았다. 완만하게 펼쳐지는 황금빛 언덕과 위풍당당한 참나무들이 나타나는 풍경

---

26   리처드 로어의 「성경의 숨겨진 지혜들: 영성으로서의 성경」(*Things Hidden: Scripture as Spirituality*, 한국기독교연구소 역간)을 인용했다.

이 나를 기쁘게 해주었다. 그런데 그만 길을 잘못 들어 30분을 더 달려야 했다. 겨우 30분을 더 가는 것이었지만 내 실수에 스스로에게 화가 났다. 그렇게 목적지에 도착하여 주차하는데 어디선가 연기가 나오고 있는 걸 발견했다. 내 낡은 차가 숨을 헐떡이며 엔진에서 내뿜는 연기였다. 보닛을 열고 안을 들여다보았지만 (내가 고치기에 능숙한 사람이라서 고장의 원인을 금방 알았다는 말이 아니다) 의심할 만한 것이 아무것도 보이지 않았다. 그러나 더 큰일이 벌어졌다. 내가 갖고 있던 주소가 잘못된 주소라는 것을 알게 된 것이다. 결국 나는 브래드에게 역정을 내어 기분을 몹시 나쁘게 만들었다.

마침내 목적지에 도착해서 짐을 내린 후, 나는 브래드에게 사과했다. 몇 분 후, 아내(내가 깨닫기 전에 나를 꿰뚫어 볼 수 있는 초능력을 가진 사람)는 나를 옆으로 끌어당겨 내 사과가 충분치 않다고 분명히 말해 주었다. 그렇지만 이미 브래드를 내려 준 후, 우리는 한 호텔로 달려가고 있었다. 나는 정신을 차리고 즉시 브래드에게 전화를 걸어 이번에는 진심을 담아 제대로 사과했다. 브래드는 따뜻한 마음으로 용서해 주었고, 우리는 서로 진심 어린 사랑의 마음을 나누었다. 전화 통화가 끝난 후 나는 내 영혼이 편안해졌다는 것을 알아차렸다. 바로 이것이 최근에 나의 희생양을 찾는 경험이었고, 그 경험은 나를 겸손하게 만들었다.

희생양 체계가 어떻게 작동하는지 이해하고 음미하면서, 내 삶을 잘 살아 내는 것은 내가 인간으로서 가지고 있는 바로 그 모순을

순례자가 순례자에게

받아들이는 것임을 알게 되었다. 인생을 잘 사는 것은 이기적인 행복 추구와는 거리가 먼 것이다. 토머스 머튼은 이렇게 말했다.

나 자신이 나답게 잘 사는 것이 인류의 복지와 인간의 공동 운명을 성취하는 데 있어서 나의 첫 번째이자 필수적인 공헌이다.

나는 이 말에 공감한다. 사실, 이것이 우리가 **우리 자신의 삶을 살도록** 초대받는 유일한 방법이다. 그것이 모든 인류에게 할 수 있는 가장 필수적이고 유일한 기여이다. 머튼은 앞에서 인용한 글 뒤에 인간의 신비롭고 모순된 본성에 대해 말한다.

나 자신이 삶을 잘 살아간다는 것은 내가 그 비밀, 즉 나 자신 안에 있는 신비로운 그 어떤 것을 알고 음미하는 것을 의미한다. 그것은 남에게 전달할 수 없는 것으로, 나 자신이면서 동시에 나 자신이 아니고, 내 안에 있으면서 동시에 내 위에 있는 것이다.[27]

적어도 머튼에 따르면 그 핵심은 모든 것을 낱낱이 이해하지는 못하더라도 인식하고 음미하는 것이라고 생각한다.

27   토머스 머튼의 「토머스 머튼의 단상」을 인용했다.

사색과 행동 사이에는 어떤 관계가 있을까?
단순하다. 자기 자신에 대한 이해와 자유, 언행일치,
그리고 사랑할 수 있는 능력을 심화시키지 않고서
다른 사람들을 위해, 또는 세상을 위해 행동하고
무슨 일인가를 하려는 사람은
다른 사람에게 줄 수 있는 것이 아무것도 없다.
_토머스 머튼

나의 실제가

참된 실제가
아닐 수도 있음을
깨닫기

'사색과 행동 사이에는 어떤 관계가 있을까?' 나는 스스로에게 머튼이 한 질문을 해 본다. 행동은 '이것이 참된 현실'이라는 인식에서 비롯된다. 우리가 현실이라고 인식하는 것에 대한 우리의 합리적 추론과 신념을 바탕으로 확고한 근거가 있을 때 행동을 할 수 있다. 우리는 그냥 행동하고 뭔가를 하지 않는다. 우리는 현실에 대한 이해를 바탕으로 행동한다. 우리는 항상 현실에 대한 해석을 근거로 정당한 행동을 하고 있는가를 확인하는 내면의 통제를 받는다. 치아를 건강하게 한다는 현실 인식 때문에 치실로 치아를 깨끗하게 하는 행동처럼 말이다. 또한 나는 듣는 행동을 한다. 무엇이 진실인지에 대한 나의 해석에 귀를 기울이고 관심을 가져야 하기 때문이다. 내가 어디론가 가는 행동을 할 때는 그때의 실제 상황이 무엇을 하라고 하는지 이해하기 때문이다.

앞에서 나는 사색에 대해 다음과 같은 파커 파머의 정의를 말했다. "환상을 꿰뚫고 들어가 실제에 뿌리내리기 위해 사용하는 모든 방법!" 그리고 "참된 실제(하나님, the Real)를 바라보는 길고 따뜻한 시선"은 널리 받아들여지고 사용되는 사색의 또 다른 정의다. 이 두 번째 정의는 암묵적으로 내포하고 있는 환상을 명시적으로 명명한다. 두 정의 모두 현실을 있는 그대로 받아들이고 인식하는 특성에 초점을 맞춘다.

만약 우리의 행동이 무엇이 현실인지에 대한 인식에서 비롯된다면, 무엇이 현실인지를 파악하고 아는 것은 우리가 행동하도록 만들기 때문에 절대적으로 중요하다. 게다가 환상과 현실을 분리하거나 넘실거리는 환상에서 현실을 걸러내는 것이 가장 중요한 사색의 실제적 역할이 된다. 환상은 실제인 것처럼 위장한다. 그래서 그러한 것들이 환상, 거짓, 가짜, 유사 현실이다. 실제인 것처럼 꾸미는 것과 참된 실제를 구별하는 것은 쉬운 일이 아니다. 나는 환상이 질기고 두꺼운 껍질 속에 들어 있어서 그 속으로 파고드는 것은 대단히 고통스럽고 힘들다는 것을 알고 있다. 나는 능력, 지위, 영향력, 업적, 동기 등에 대한 환상을 가지고 있다.

나의 개인적인 환상이 실제인 것처럼 모든 사회와 문화도 환상을 가지고 있다. 사회적 환상은 개인의 환상보다 파고들기가 어렵다.

순례자가 순례자에게

평화가 무엇인지, 인종 불평등은 무엇인지, 사회 정의는 무엇인지, 진정한 영성이 무엇인지, 민주주의(또는 다른 정치 체제)는 무엇인지 등에 대한 환상이 그러하다.

환상은 두껍고 질긴 껍질 속에 있으며, 아주 다양하다. 개인 차원이든 사회 차원이든, 우리는 환상이 다른 환상을 불러일으켜서 터무니없고 악랄하고 어리석은 짓이 꼬리를 물고 일어나게 하는 것을 보아 왔다. 나는 내가 아주 훌륭한 아버지라는 환상을 갖고 있고, 그러한 환상은 내가 상당히 영향을 끼치고 있다고 생각하는(이 생각도 환상일지 모른다) 다른 사람들에게 받아들여지고, 어쩌면 복제되고 있을지도 모른다. 그뿐만 아니라 내적으로는 아버지로서의 나의 환상이 나도 모르게 자존감의 환상을 불러일으킨다.

우리 모두는 "그냥 가만히 있지 말고, 뭔가를 해"라는 말에 익숙하다. 시간과 장소에 따라 다르겠지만, 현실을 호도하는 환상에 파묻힌 우리에게는 반대로 "뭔가를 하지 말고, 그냥 거기 가만히 있어봐"라는 말이 필요할지도 모른다. 바로 이런 우리에게 "참된 실제(the Real)를 오래, 사랑스럽게 바라보라"는 훈계와 권유가 필요하다.

나는 현실의 복잡성과 미묘함을 파악할 수 있을 만큼 오랫동안 가만히 무언가를 바라본 적이 언제였는지 스스로에게 묻고 싶다. 여기서 나는 인간의 손으로 만든 물질적인 것들에 대해서만이 아니라 자연 속에 있는 것들, 즉 잎사귀 하나, 등산로 옆의 수줍은 야생화, 무언가를 찾아 바쁘게 움직이는 작은 개미, 끝없이 펼쳐진 (내가 좋아하는) 뭉게구름으로 가득 찬 푸른 하늘, 낮잠 자는 개 등에 대해 말하고 있는 것이다. 나는 우리 행동이 참된 실제를 바라보는 길고 따뜻한 시선에서 비롯될 때, 그 행동이 더 무게 있고 훨씬 의미 있게 영향을 끼친다고 믿는다.

내 경험으로 볼 때, 우리 행동의 상당히 많은 부분이 실제가 아닌 것의 외적 도발에 대한 반응으로 나타난다. 이러한 행동은 우리 내면의 모습이나 자유롭고 창조적인 정신을 바탕으로 한 일과는 거리가 멀며, 따라서 우리 행동은 그 행동이 마땅히 가져야 할 의미와 영향에서 벗어나게 된다.

우리의 출발점은 각자가 예외 없이 하나님의 **형상**을 따라 창조되었다는 점에서 동일하다. 성경의 창조 이야기는 우리가 삼위일체 하나님의 형상을 따라 만들어졌다는 것을 말하고 있는데, 여기서 알 수 있듯이 우리의 목표는 결국 하나님을 **닮아 가는** 것이며, 그렇게 되어야만 한다. 그러므로 나는 우리 모두가 그렇게 **되어 가도록 창조되었다**는 것을 강조하고 싶다. 창조에 관한 이 말씀은 사색과 행동, 다르게 표현하면 존재와 행동을 어떤 빈틈도 없이 하나로 묶어 주고 있다. '되어 간다'는 말의 핵심은 '**무엇**이 되어 가는가', 더 정확히 말하자면 '**어떤 사람**이 되기를 원하는가'이다. 이 '되어 간다'는 말은 어떤 목표를 전제로 하고 있으며 그 목표는 하나님을 닮아 가는 것이다. 예수님은 이를 다음과 같이 표현하셨다.

순례자가 순례자에게

그러므로 하늘에 계신 너의 아버지의 온전하심과 같이 너희도 온전하라(마 5:48).

또한 '되어 가는' 삶은 성령의 완벽하고 창조적인 도움을 받아 예수님을 따르는 삶이다. 바로 이것이 우리의 인간적이고 영적인 여정에서 해야 할 일의 전부이다. 그러나 하나님을 닮아 가는 삶, 예수님을 따르는 삶이라는 말은 우리의 여정이 모두 같다는 말이 아니다. 무엇보다도 우리 각자의 삶은 독특하고 흉내 낼 수 없을 정도로 서로 다르기 때문에 각기 충만한 삶을 살게 된다는 말이다. 그렇기 때문에 흥미진진함과 예측 불허의 놀라움이 있는 것이다. 우리 각자가 갈 길을 찾고 여정을 정해야 하기 때문에 순례자로서의 모든 여정은 서로 다르다. 동시에, 우리 여정에서는 동료 순례자로서 서로에게서 배울 수 있다는 보편성이 있다. 우리의 순례 여정에는 특이성과 보편성이 모두 있다.

충만하게 살아 있다는 것은 존재하는(to be) 것과 행동하는(to do) 것 두 가지가 조합을 이루어 되어 가는(to become) 것을 말한다. 우리 각자가 되어 가는(becoming) 여정에서 자신의 역할을 감당해 나갈 때에 우리는 세상이 하나님의 뜻대로 되어 감(becoming)을 보게 될 것이다.

스스로의 힘만으로도 살아남을 수 있고,

스스로 점점 강해질 수도 있으며,

스스로 어려움을 이겨 낼 수도 있지만,

스스로 인간이 될 수는 없다.

_프레드릭 비크너

공동체,

인간이 되게 하는
문으로 가는
여정

인간이 되어 가는 것에 관하여 프레드릭 비크너의 이 말보다 좋은 말은 없을 것 같다. 우리 스스로는 인간이 될 수 없다! **나의** 인생 여정은 더 큰 **우리**의 집단적 삶의 여정에 속하지 않고서는 제대로 완성될 수 없다.

우리 모두가 철저히 개인주의적인 독립적 인간이지만, 우리가 스스로의 힘으로 완전한 인간이 될 수 없다는 데에 인생의 가장 근본적인 역설이 있다. 여기서 독립적이지만 상호 의존적인 인간 특성의 역설이 교차한다. 칼 로저스가 말했듯 "가장 개인적인 것이 가장 보편적인 것"이다. 이에 관하여 헨리 나우웬은 다음과 같이 그의 통찰을 잘 표현하고 있다.

누구든지 영적인 생활을 하려고 하는 사람은 가장 개인적인 일이 만인에게 가장 보편적인 일이라는 것, 가장 깊이 숨겨져 있는 것이 가장 잘 알려져 있는 일이라는 것, 그리고 가장 고독한 것이 가장 공동체적이라는 사실을 곧 발견할 것이다. 우리가 우리 존재의 가장 내밀한 장소에서 산다는 것은 우리 자신만을 위한 것이 아니라 모든 사람을 위한 것이다. 그러므로 우리의 내적인 생활은 바로 다른 사람들을 위한 생활이며, 우리의 고독은 우리의 공동체를 위한 선물이며, 그리고 우리의 가장 은밀한 생각이 우리의 공동생활에 영향을 끼친다.

예수님은 "등불을 켜서 그릇으로 덮어 둘 사람은 아무도 없다. 오히려 그것을 등잔대 위에 올려놓아 집 안에 있는 모든 사람에게 비춰게 하지 않겠느냐?"(마 5:15)라고 말씀하셨다. 가장 깊숙한 내면에 있는 빛이 세상을 위한 빛이다. 우리 모두 이분법적인 생활을 그만두자. 그래서 우리의 개인적인 사생활이 사람들에게 알려지도록 하자.[28]

우선 공유하는 **공동**의 것이 없는 **의도**적인 공동체는 단 하나도 없다. 여기에서 '공동'(common)과 '의도'(intent)라는 단어에 주목하고 싶다. 접두사 'com'(공동체[community]와 공동[common]에서)은 '함께함', '같이함', 그리고 '소속감'을 강조한다. 따라서 'com'에서 더 중요한 점은 무엇에 대해 'com'을 하려 하는가이다. 우리는 무엇에 대해 또 무엇을

---

28   헨리 나우웬의 책 『영혼의 양식』(*Bread for the Journey*, 두란노 역간)에서 인용하였다.

위해 함께하는가? 어떻게 우리는 서로에게 속해 있을까? 무엇이 우리를 다른 공동체와 구별되게 하는가? 이런 질문은 모두 적절한 것으로 사려 깊은 반응을 불러일으키는 것들이다.

이른바 사려 깊은 반응은 공동체마다 크게 다르다. 정해진 올바른 반응이란 없다. 어떤 사람들에게 이 반응은 규칙이나 규정, 공유된 가치에 기초한 일종의 언약을 받아들이고 준수하는 것이다. 그리고 규칙이나 언약도 대단히 자세하고 구제적으로 되어 있는 것에서 여러 해석이 가능한 일반적인 태도를 담은 것에 이르기까지 다양하다. 일부 공동체는 주로 사명과 비전을 중심으로 만들어진다. 이들은 당연히 사명과 비전 중심의 공동체가 되기 쉽다. 따라서 공동체이기는 하지만 공통의 과제가 담긴 사명이 우선이며, 공동체는 이를 이루도록 지원하는 부차적인 역할을 한다. 그리고 민족, 나이, 신념, 심지어 취미에 따라 형성되고 성장하는 공동체도 있다. 따라서 공동체는 모두 무언가를 공유한다는 특징이 있다.

실제로 나는 규칙이나 규제에 얽매이는 것을 좋아하지 않으며 어떤 규칙과 규정은 상황이나 문화가 변하면 없어지거나 변경될 수밖에 없다고 생각한다. 나는 자연스럽게 폭을 넓히고 더 큰 유연성을 추구는 방향으로 움직인다. 내가 공감하는 형태의 공통점은 지배적인 공동체 내부 '가장자리'에 살거나, '경계' 혹은 '주변부'에서 살도록 한다는 나의 소명 의식과 관련 있다. 성경의 선지자와 사도 공동체를 결합한 이미지다. 이 공동체는 '왜'보다는 '왜 그렇지 않은지'에 더 치중하거나, 단순히 시스템을 유지하는 것보다는 왜 하나님 나라는 그렇지 않은지에 관심을 갖는 공동체다. 이것은 이 공동체에 속한 모두가 선지자 또는 사도가 되어야 한다고 주장하는 것이 아니다. 이 공동체는 세상의 풍조에 맞서는 공동체이므로 공동체 전체가 그 사회의 가장자리에 자리 잡는 것을 선택한다는 의미다.

동시에, 이 공동체는 정통성에 집착하여 모든 사람을 올바른 믿음의 길로 가도록 회심시키려고 노력하지 않는다. 오히려 이 공동체는 바른 실천, 즉 하나님 나라의 삶을 살아 내는 데 관심이 있다. 이런 의미에서 이러한 공동체의 궁극적인 지향점과 태도, 실천은 예수님이 가르치신 하나님 나라, 더 구체적으로 말하자면 산상수훈, 그리고 지상 명령과 주님이 가르쳐 주신 기도(주기도)를 결합한 가르침을 그대로 따르는 것이다. 즉 공동체와 공동의 'com'은 하나님 나라를 기반으로 한다. 따라서 우리는 우리가 속한 더 작은 공동체의 독특하고 특별한 소명을 따르면서 더 큰 하나님 나라 공동체에 속해 있는 것이다.

이제는 '의도'라는 단어를 생각해 볼 차례이다. 의도라는 단어는 라틴어에서 '목적'을 의미하는 단어와 같은 어원을 가지고 있다. 우리는 본래 목적에 충실한 공동체의 일부가 되는 것을 목표로 해야 한다. 목적 없이는 인간이 될 수 없기 때문이다. 그간 여러 공동체의 일원이었던 나의 경험을 바탕으로 생각해 볼 때, 공동체는 수단이자 목적이다. 그런데 공동체를 큰 것을 성취하거나 이루기 위한 수단으로만 본다면, 공동체의 한 부분을 이루는 존재로서 누리게 되는 축복의 실제적 결실을 빼앗길 수 있다. 심지어 공동체가 의도한 것을 성취할 수만 있다면 그 외의 것은 별로 문제될 것이 없다거나 관계는 부차적인 것이라는 아주 파괴적인 사고방식에 빠지게 된다. 반면 공동체 자체를 목적으로 생각한다면, 그 공동체는 고립되어 외부 세계에 유익한 봉사를 하는 일을 제대로 감당하지 못할 수도 있다.

따라서 공동체는 이 수단과 목적 사이의 긴장을 잊어서는 안 된다. 이러한 긴장은 목적을 이루기 위해서 필요하며, 온 세상에 하나님 나라의 섬김을 보여 주면서 동시에 눈앞의 공동체 속에서 하나님 나라가 이루어지게 할 수 있다. 즉 전 세계에 하나님 나라 공동체를 확대시키며, 예수님이 이 땅에서 어떻게 살고 행하셨는지를 그대로 보여 주는 삶을 사는 것이다.

공동체를 어떻게 살아 내는지는 우리가 공동체의 일원으로서 그리고 공동체를 통해 무엇을 하려고 하는지만큼 중요하다. 우리는 '어떻게'(수단), 그리고 '무엇을'(목적)이라는 두 가지 영역을 모두 제대로 이해하고 때로는 이 둘 사이가 긴장하고 때로는 조화를 이루게 해야 한다.

지혜는 거룩한 교감이다.

_빅토르 위고

지혜,

사랑으로 깊어지는
지식

나는 1990년에 캘리포니아 패서디나로 이주한 이래로 가장 더운 이틀을 보내고 있었다. 스마트폰의 날씨 어플리케이션은 이틀 동안 각각 46도와 44도를 기록하며 비명을 질렀다. 정신을 멍하게 하는 열기에 더해 패서디나는 하루 저녁 정전이 되어 모두가 큰 곤욕을 치렀다. 견디기 힘든 이런 날씨에 가장 불쌍하다고 생각한 반려견 '루나'를 산책시키기 위해(나는 이 더위에 이 녀석이 오리털 재킷을 입고 있다고 상상하니 끔찍해서 그가 견디고 있는 더위를 같이 느껴 보려고 했다!) 칠흑같이 어두운 거리로 나섰다. 거리는 으스스할 정도로 조용했고, 포장도로에서 무자비하게 열기가 솟아오르고 있었다. 나는 정전이 되지 않은 동네에 사는 이웃과 마주쳤다. 나도 모르게 "(이런 더운 날씨가) 성화하는 데 도움이 될 것 같아요"라고 말했다. 그는 눈을 반짝이며 잔잔한 미소를 머금고 내게 말했다. "그래요. 나보다 당신에게 필요한 것 같군요." 나는 그 말에 반박하지 않고 즐겁게 웃으며 집으로 돌아왔다.

그렇게 더운 이틀을 보내고 다시 29도의 화창한 아침을 맞이했다. 그날 나는 우리 집 창문에 설치된 에어컨 필터를 청소할 생각이었다. 하나님이 그것을 청소할 생각이 들게 하신 걸까? 아니면 살아남기 위해 쉬지 않고 조잘대는 마음의 소리였을까? 나도 모른다. 필터를 꺼냈을 때, 너무나 더러운 모습에 소름 끼칠 정도였다. 필터의 먼지를 털어 내고 나니 그 어느 때보다도 에어컨이 잘 작동했다! 나는 이 일을 하도록 상기시키신 하나님에게 감사했다. 아내는 에어컨 필터를 청소해 줘서 고맙다고 했고, 그 말은 금방 하루를 기분 좋게 만들어 주었다. 참 좋은 날이었다.

그리고 제2차 세계 대전 당시 83명의 유대인 아이를 숨겨 주어 목숨을 건지게 한 용감한 수녀 이야기를 읽었다.[29] 연민이 생기면서, 나는 잠시 우리 시대에 많은 것을 박탈당한 채 고통받는 사람들에 대해 생각하게 되었다. 지금은 이들을 위해 아무런 행동도 하지 않고 있지만 나중에 내가 할 수 있는 일이 있을 거라 생각하고 일단은 접어두었다. 나는 속으로 이렇게 말했다. "어떻게 될지 두고 보자." 그런 다음 토머스 머튼의 책 「토머스 머튼의 단상」 몇 페이지를 읽었다. 거

---

29   관심 있으면 여기서 확인할 수 있다. https://www.bbc.com/news/stories-54033792.

순례자가 순례자에게

기에 다음과 같은 간디의 말이 인용되어 있었다.

자신이 절대적 진리를 가지고 있다고 생각하는 사람이 어떻게 형제애
를 지닐 수 있겠는가?

나는 이 구절을 여러 번 읽었다. 머튼은 이 말에 대해 다음과 같
은 반응을 보였다.

이것에 대해 솔직히 말해 보자. 기독교의 역사는 이 질문을 되풀이해
서 제기한다.

문제는 이것이다. 하나님은 그리스도 안에서 자신을 인간에게 드러내
셨다. 그분은 자신을 무엇보다도 사랑으로 드러내셨다. 그래서 절대
진리는 사랑이라고 할 수 있다. 그러므로 어떤 제한적인 상황에서 사
랑을 배제하는 방법으로는 그 진리를 이해할 수 없다. 오직 사랑하는
사람만이 자기가 여전히 그 진리 가까이에 있다는 것을 확신할 수 있
다. 그 진리는 사실 너무나 절대적이어서 사람의 생각으로는 이해할
수 없다. 따라서 복음의 진리를 굳게 믿는 사람은 지식의 결여 때문이
아니라 사랑의 결여로 인해 그 진리를 잃지나 않을까 두려워한다. 그
러나 지식은 사람을 풍선처럼 부풀게 한다. 그리고 지식을 소유한 사
람은 다른 사람들에게는 주어지지 않은 완전한 진리를 자신만이 소유
하고 있다고 생각한다. 그래서 그는 자기가 가진 탁월한 지식의 힘으

로 자기의 진리를 공유하지 않는 사람들을 응징하는 것이 의무라고 생각한다. 만일 강요하지 않는다면, '모욕과 경시를 당할 그 진리를 다른 사람들에게 강요하지 않고서 어떻게 그들을 사랑할 수 있겠는가'라고 그는 생각한다. 이것이 바로 유혹이다.

나는 이 부분을 읽고 꼼짝할 수 없었고 더 이상 읽을 수가 없었다. 간디가 진지하게 질문한 이것은 크리스텐덤(Christendom, 기독교가 지배하는 국가나 사회)에 의해 거부당했지만 간디처럼 예수 그리스도에게 끌린 사람들에 의해 수세기 동안 반복되어 온 질문이다. 역사에는 불행하게도 다른 사람들을 순응시키기 위한 크리스텐덤의 맹목적인 노력이 여기저기 널려 있다. 이런 일은 예수의 이름으로 행해졌지만 분명히 예수의 영에 의한 일은 아니었다. 진리는 종종 진리의 이름으로 공격받는다. 진리는 사랑 안에 있을 때만 진리로 드러날 수 있다.

지식은 속박이다. 우리가 인정하고 싶은 정도 이상으로 그렇다. 나는 지식이 힘이라는 말을 들으면서, 그리고 그 말을 그대로 받아들이면서 성장하였다. 현대의 세계관에서 이것은 가장 두드러진 것이다. 나는 이제 묻고 싶다. '그럼 그것은 어떤 힘인가? 무엇을 위한 힘인가? 누구를 위한 힘인가? 그래서 어떻게 된다는 말인가? 우리가 얻는 것이 무엇인가? 우리가 잃는 것은 무엇인가?' 나는 나 자신에게 지식을 축적하거나, 현실을 제대로 이해하거나, 그러한 지식을 확산하는 일에 연연하지 말고 지혜로 사는 것이 중요하다고 말한다. 아, 이것은 실천하기 어려운 진리다.

분명히 지식은 진리와 다르다. 절대적인 진리는 오직 예수님을 사랑하고 따르는 가운데 나타나며, 오직 사랑으로만 이해될 수 있다. 이 진리는 예수님을 체화할 때만 절대적이 된다. 이 진리는 온화하고 친절하며 인내심이 넘치고 은혜로 가득 차 있다. 무엇보다도 이 진리는 사랑이다. 결과적으로, 이 진리는 사랑으로 구현되며 궁극적으로 십자가의 사랑으로 나타난다. 사랑이 없다면, 이 진리는 다른 모든 사람이 따르도록 강요하는 일련의 박제된 믿음으로 변질된다. 사랑이 없다면, 이 진리는 단순하고 부담스러운 지식이 되며, 더 나아가 예수님을 배척하는 잘못된 장벽을 만들어 낸다. 요컨대, 우리는 예수님을 선포하고 그분처럼 살아가야 한다. 사랑 없이 우리가 절대적 진리라고 생각하는 것을 선포해서는 안 된다. 우리는 기독교가 아니라 예수님을 우리의 삶으로 증거하고 선포해야 한다.

지식은 사랑으로, 그리고 사랑을 위해 전달된다면 유익한 것이 될 수 있다. 지혜는 "사랑으로 깊이가 더해지는 지식"[30]이라고 일리아 델리오가 말했다. 지혜는 우리에게 하나님과 나 자신, 그리고 다른 사람들에 대한 사랑으로 말미암아 사는 법을 가르쳐 준다.

---

30   일리아 델리오의 「견딜 수 없는 존재의 온전함: 하나님, 진화, 그리고 사랑의 힘」을 인용했다.

하나님이 창조하신 모든 것과 온 세상과 그 안에 있는

모든 모래알을 사랑하십시오.

모든 잎사귀와 하나님의 빛이 내는 모든 광선을 사랑하십시오.

동물을 사랑하고 식물을 사랑하고 모든 것을 사랑하십시오.

당신이 모든 것을 사랑한다면,

당신은 사물 속에 있는 신성한 신비를 깨닫게 될 것입니다.

당신이 그것을 인식하면, 당신은 그것을 매일 더 잘 이해하기 시작할 것입니다.

그리고 마침내 모든 것을 포용하는 사랑으로 온 세상을 사랑하게 될 것입니다.

_표도르 도스토옙스키

나의 몸과
나를 감싸고 있는

자연의 황량함에
귀 기울이기

성 이레네우스의 격언 "하나님의 영광은 우리가 충만하게 살고 있음에 있다"라는 말에서 눈길을 끄는 부분은 "충만하게 살고 있음"이라는 구절이다. '충만하게 살고 있음'은 앎으로는 얻을 수 없고, 오직 살아 감, 즉 내 삶을 사는 것으로만 얻을 수 있다. 내 인생을 온전하고 충만하게 살아 나감으로써 나(그리고 세상)는 하나님의 영광을 증거하게 된다. 이때 자연스럽게 생기는 한 가지 질문은 바로 이것이다. "그러면 우리는 어떻게 살아야 할까?"

최근 우리 가족은 픽사(Pixar)에서 만든 〈소울〉이라는 영화를 보았다(앞으로 이 영화를 볼 수도 있는 여러분의 기분을 망칠 생각은 없으니 안심하라). 내가 나누고 싶은 것은 단풍나무 잎이 주인공의 손바닥에 부드럽게 내려앉는 감동적인 장면이다. 그 장면이 한 사람의 삶의 열정과 꿈의 실현을 표현했다고 하기에는 과장된 경향이 있을지 몰라도, 내게는 살아 있는 매 순간을 잘 사는 것이 자신의 삶을 충만하게 사는 비결이 라는 것을 깨닫게 해주었다. 그 떨어지는 나뭇잎을 통해 온 세상을 보고, 온 세상이 하나의 나뭇잎을 통해 볼 수 있게 되는 그 순간을 말한다. 여기서 하나님의 영광의 신비가 드러나고 우리가 그 영광 가운데 삶을 누릴 수 있는 가능성이 실현된다. 여러분은 마치 영화처럼 세상이 느리게 움직이고, 그 세상에서 하나님의 영광과 신비에 대해 경외심을 느껴 본 적이 있는가? 이 순간을 말로 설명하기는 어렵다. 그러나 설명하기 어렵다고 해서 진실이 아니거나 사실이 아니라는 뜻은 아니다.

두 자녀(첫째와 둘째)가 겨우 10대였을 때, 우리 부부는 몇 팀의 선교사들을 지도하기 위해 인도로 가게 되었다. 우리는 이 여정이 우리 부부에게나 아이들에게 무리가 된다는 것을 알고 있었다. 그럼에도 우리는 하나님이 이 여정을 인도하실 거라는 확신이 들었다. 하지만 당연히 아이들을 잘 돌봐 줄 친지들과 조부모님들이 있음에도 우리 없이 아이들이 어떻게 지낼 것인가에 대해 많이 걱정했다.

우리는 미국 내의 어느 곳이 아니라 지구를 반 바퀴나 돌아가야 했다! 우리는 뉴델리에 도착하여 빌린 차를 타고 고속도로로 5시간 이상 운전을 해야 하는 자이푸르를 향해 달려가고 있었다. 목적지

순례자가 순례자에게

까지 절반쯤 남았을 때 우리는 나비 떼에 둘러싸여 있다는 것을 알게 되었다. 그때는 몰랐지만, 우리가 나비의 거대한 이동 경로 한가운데에 있던 것이 틀림없다. 수천 마리의 나비가 모두 한 방향으로 펄럭이며 날아가고 있었다. 마치 수많은 꽃잎이 하늘에서 떨어지는 것 같았다. 아내와 나는 말없이 시선을 교환하고 눈을 크게 뜨고 미소를 지었다. 하나님이 그것을 통해 우리 아이들을 돌봐 주실 것이라고 말씀하고 계신다는 것을 **알았기** 때문이다. 나비는 우리에게 하나님의 약속을 의미한다. 그 전에도 하나님이 나비를 통해 약속을 상기시키신 적이 있다. 이 역시 예외가 아니었다.

삶을 충만하게 사는 것이 항상 깊은 영적 만남 또는 신비한 만남으로 나타나는 것은 아니다. 오히려 일상의 평범한 것에서 하나님을 찾고 발견하는 일이 더 많다. 의식을 갖고 느리게 삶을 살 때 작은 일, 일상적으로 되풀이되는 일, 겉보기에는 보잘것없는 활동 가운데서 하나님을 발견하게 된다. 나는 모든 것에서 하나님을 보게 된다는 생각에 공감한다.

좀 더 나아가 "하나님의 영광을 드러내는 무대로서의 세상"이라는 장 칼뱅의 말을 반추해 보자. 이 말은 아우구스티누스가 오래전에 이야기한 것에 대한 반향이기도 하다. 이 세상은 하나님이 사랑하고 그 아들을 보내신 세상이기도 하다. 우리 모두는 그 세상 속에 살며 하나님의 영광을 드러내는 산 증거이다. 우리가 '속하지 않으려 하는 이 세상'은 죄와 악, 환상, 그리고 참된 하나님의 영광을 왜곡하는 시스템이다. 하나님의 영광에 대한 성 이레네우스와 칼뱅의 생각은 모두 교회의 안락하고 가시적인 경계를 뛰어넘는다. 이는 교회를 겸손케 하고 하나님이 교회의 한계를 뛰어넘어 거침없이 훨씬 넓고 큰 모습으로 나타날 수 있게 하는 것이다.

누군가에게 어떤 의미가 있든 그렇지 않든 나비는 하나님의 영광의 한 조각을 나타내고 보여 준다. 단풍나무 잎은 하나님의 영광을 나타내는 주인공이 될 수 있다. 패서디나에 있는 우리 집 뒤에 있는 가브리엘 산은 하나님의 영광을 드러내는 험준한 아름다움과 장엄함을 보여 준다. 나는 모네가 프랑스 지베르니에 있는 자신의 연못 정원을 하루 중 각기 다른 시간과 한 해의 각기 다른 계절에 여러 번 그린 것을 보고 매혹된 적이 있다. 자연에 나타나는 하나님의 영광을 보지 못하고 잠들어 있는 우리를 깨워 줄 수 있는 모네 같은 예술가가 필요하다.

하나님의 영광의 무대로서 이 세상은 하나님이 창조하신 세상이다. 자연, 모든 살아 있는 생물, 사람 및 민족(종교와 문화에 의해 형성된 다양한 종족 집단처럼) 등이 그렇다. 이 모든 것을 하나님이 창조하시고 선하다고 선언하셨다! 우리 한 사람 한 사람 모두를 포함한 인류 전체는 하나님의 영광을 선포한다. 적어도 우리는 그렇게 살도록 설계되었다. 그래서 우리는 바로 성 이레네우스의 격언과 "그러면 우리는 어떻게 살아야 할까?"라는 질문으로 돌아가서, 각자 독특하게 하나님의

순례자가 순례자에게

영광을 선포해야 한다. 지혜는 무엇이 옳은지 아는 것이 아니다. 지혜는 옳은 것을 살아 내는 것에 관한 것이다. 우리는 하나님이 하나님의 영광을 선포하기 위해 우리를 창조하셨다는 변함없는 확신을 안팎으로 살아 내고 있다. 자, 그것이 살아갈 가치가 있는 삶이다!

조언과 실천 과제

하나님은 모든 피조물이 하나님 자신의 무한하고 비소유적인 사랑에 "네"라고 화답하기를 원하셔서 그들에게 다가가신다. 하나님은 사랑이시며 그 외의 다른 어떤 것도 아니시고, 사랑하시는 것 외에 다른 어떤 것도 하실 수 없다. 하나님이 하나님을 부정할 수 없다. 폴 틸리히에 의하면 이 하나님의 사랑은 '존재의 근거'이며, 인간의 모든 이해를 넘어 하늘과 땅을 다스린다. 사랑은 하나님처럼 항상 존재하고, 우리는 언제나 이것을 경험할 수 있다. 따라서 우리는 이 하나님의 사랑을 모든 피조물이 더 쉽게 받아들이고 이해할 수 있게 되기를 원하시는 하나님의 사역에 동참해야 한다.

예수님은 우리에게 지상 명령을 주셨는데 이는 구약 성경을 요약하신 것이다. 하나님을 사랑하고, 자신을 사랑하고, 이웃을 사랑하라는 가르침은 우리가 삶을 헤쳐 나가는 데 지도와 나침반 역할을 한다. 이 세 가지 사랑은 실제로는 모두 같은 사랑이며, 하나님의 자녀로서 제대로 사는 방법을 제시하는 것으로 구체성과 실용성을 갖추고 있다. 사랑은 또한 의도이며 동시에 행동이다. 사랑은 이 두 가지 요소를 모두 갖추어야 한다. 그렇지 않으면 하나님이 의도하시는 사랑에 미치지 못한다.

여기에서는 지난 몇 년 동안 '하나님의 사랑'에 대한 개념적이고 이론적인 틀에서 벗어나 실용적이고 구체적인 틀로 옮겨 가면서 나의 것으로 받아들여 묵상하고 실천한 것을 나누려고 한다. 이것들이 여러분에게도 무조건 똑같이 적용될 것이라고 생각하지 않는다. 무엇이 여러분에게 도움이 되는지 알아보기 위해 각자에게 맞도록 실천 과제를 수정하고 바꾸는 것을 적극 권장한다. 그렇게 하는 것이 아주 중요하다. 조언과 실천 과제를 크게 네 부분으로 구성해 보았다. 하나님을 사랑하는 것, 자신을 사랑하는 것, 이웃을 사랑하는 것, 그리고 교감으로의 부르심(세 사랑을 통합하는 것)이다.

1.

하나님을 사랑하는 것

하나님을 '아는' 것

하나님을 완벽하게 아는 것은 불가능하다. 이 실천 과제를 통해 개인적으로 하나님을 조금이라도 더 알게 되기를 바란다. 하나님에 관한 개인적이고 주관적인 지식은 제한적이고 불완전한 것이므로 겸손하고 긍휼한 마음을 갖게 한다. 하지만 하나님은 우리의 이 불완전한 지식에 대해 아주 흡족해 하시는 것 같다. 오히려 하나님은 그것을 기대하시는 것 같다. 이러한 점은 우리 삶에서 하나님에 관해 주관적이고 경험적인 지식을 추구할 수 있는 자유와 여유를 갖게 한다.

또한 우리는 우리 시대와 문화의 산물이다. 우리는 시간과 공간의 제약을 받는 문화적 존재이다. 성경 또한 시간과 문화 속에서 기록된 것이다. 따라서 성경을 통해 하나님을 알기 위해서는 자신이 살고 있는 시대의 문화와 상황과 아울러 성경의 문화와 맥락을 제대로 이해하는 것이 필요하다. 그 과정에서 대화하고 이것이 우리가 가는 길을 안내하고 밝히도록 하는 것은 우리 모두에게 필요한 일이다. 궁극적으로 우리는 예수님과 예수님의 하나님을 알아 가면서 하나님을 알게 된다. 예수님은 하나님을 알아 가는 우리의 여정을 위한 해석학적 열쇠를 쥐고 계신다. 또한, 우리는 하나님이 창조하신 우리 자신뿐만 아니라 모든 것을 지으신 하나님의 놀라운 창조를 알고, 그 창조의 위대한 특성을 앎으로 하나님을 알게 된다.

【 실천 과제 】

● 매일 성경을 읽고, 연구하고, 묵상하라. 또한 우리 자신이 속한 문화와 성경의 배경 문화를 연구하라. 자신이 속한 교단이나 교파의 신학적 전통을 넘어서는 폭넓은 독서를 하고, 읽은 내용을 분별해 가는 것을 두려워하지 말라.

● 하나님이 실제로 여러분의 삶을 어떻게 인도하시고 이끄셨는지를 적어 보고 묵상하라. 여러분의 '하나님을 기억할 수 있는 돌'(수 4:6 참조)은 무엇인가? 하나님이 여러분을 계속 찾아오시면서 반복적으로 나타난, 여러분이 알아 챌 수 있는 현상이 있는가?

● 하나님의 무조건적인 용서와 은혜를 여러분의 삶에서 어떻게 경험했는지 묵상하고 기록해 보라.

● 하나님에게 감사하는 자신만의 목록을 만들어 보라. 구체적으로 작성하고, 최대한 기억해 낼 수 있는 과거까지 거슬러 올라가 생각나는 것을 모두 적어 보라. 그리고 나서 감사 목록 각각에 이름을 붙여 보라. 이것들은 하나님의 선하심이 담긴 여러분의 보물 상자이다. 또한 목록을 살펴보면서 어떤 감정을 느끼는지 적어 보라.

지금 이 순간에 존재하는 법

존재하는 법을 배우려면 우리의 몸과 감정에 더 많은 주의를 기울여야 한다. 우리의 몸과 감정은 생각보다 훨씬 진실하게 현재를 반영하고 이에 반응한다. 우리 생각은 종종 자아의 가장 좋은 은신처가 되어 현실을 왜곡하거나 정당화하고 색칠을 하여 자아를 감추려고 한다.

나는 그동안 슬프고, 화나고, 두려워하는 부정적인 감정을 받아들이는 데 상당한 시간이 걸렸다. 에니어그램 7번 유형에 해당하는 나는 고통, 특히 부정적인 감정을 피하려는 욕구가 강하다. 나는 부정적인 감정에 이름 붙이는 법을 배운 후, 그로 인해 현실을 있는 그대로 받아들이게 되었다. 나에게 도움이 된, 또 다른 실천 방법은 자연의 소리에 주의를 기울이는 것이다. 나는 아내와 캘리포니아 패서디나에 있는 샌 가브리엘 산맥의 기슭을 따라 주기적으로 산책하고 있다. 코로나19 기간에는 (도로에 자동차가 훨씬 적었기 때문에) 아침마다 도로의 가파른 오르막길을 걸으며 내 발자국 소리, 헐떡거리는 숨소리, 끊임없는 새들의 지저귐, 간헐적으로 바람이 나무 사이를 스치는 소리를 듣곤 하였다. 활기차게 나 자신이 살아 있음을 몸으로 느낄 수 있어서 이 시간을 매우 좋아했다. 나는 내 몸과 자연이 하나가 되는 경험을 하며, 이를 통해 현재에 뿌리내리게 되었다.

● 혼자 있을 수 있는 장소를 찾아 5분 동안 침묵하는 연습을 하고 점점 그 시
간을 늘려 매일 20분간 침묵해 보라. 침묵 중에 떠오르는 생각을 판단하지
말고 그 생각이 그냥 그대로 지나가게 하라. 호흡에 집중하는 것이 중요하
다. 이 시간은 중보하는 시간이 아니다. 여러분은 하나님이 임재하시는 현
재 이 순간에 존재하고 있을 뿐이다. 생각이 방황하고 있음을 깨달을 때에
는 예수님, 사랑, 자비 등과 같이 여러분을 현재로 돌아오게 하는 단어를 생
각하라.

● 특정 순간에 느끼는 감정에 이름을 붙여 보라. 그것에 대해 생각만 하지 말
고 자신이 들을 수 있도록 큰 소리로 말하라. 시간이 지남에 따라 어떤 변화
가 일어나는지에 주목하라.

● 분주한 활동에서 벗어나 자연 속에서 걷기를 즐기라. 여러분의 몸, 감각, 그
리고 주변의 자연을 느껴 보라. 여러분이 느끼게 되는 것에 주목하라.

속도를 늦추는 것과 안식

속도를 늦추거나 멈추면 이전에 보거나 듣지 못한 것을 보고 듣게 된
다. 인생을 급하게 살다 보면 너무나 많은 것을 놓쳐 버린다. 나는 오
랫동안 그렇게 살았다. 나는 속도에 매료되어 있었고 아마도 그것에
중독되어 있었는지도 모른다. 일의 긴급함이 나를 몰아붙였고 나는
또 다른 사람들을 몰아붙였다. 그러나 하나님은 기다리실 수 없으며
하나님의 필요와 요구를 충족시키기 위해 나를 희생해야 한다는 생

각은 환상일 뿐이었다.

나는 절망 속에서 안식을 진지하게 생각하게 되었다. 나는 오랫동안 정신없이 바쁘게 달려왔고 그런 속도로 계속 살아갈 수 없음을 깨달았다. 더 이상 버틸 수 없었다. 궁극적으로 속도를 늦출 수 없다는 것은 하나님이 어떤 분인지, 또는 어떤 분이 아닌지에 대한 이해와 직결된다.

이제 나는 절대로 급박하거나 정신없이 바쁜 삶으로 되돌아갈 수 없다. 나는 이 느린 속도에서 하나님을 더 명확하게 보게 되고 나에게 말씀하시는 것을 듣게 된다. 하나님은 겉보기에 작고 평범하고 일상적인 삶의 맥락에서 친밀함을 나타내신다. 가장 큰 역설은 도저히 이해할 수 없는 하나님의 위대하심이 우리의 작은 일상의 경이 속에 담겨 있다는 것이다. 아마도 하나님은 너무나 크시기 때문에 우리가 이해할 수 있을 만큼 아주 작은 모습으로 나타나시는 것 같다.

나는 인간이 된다는 것은 안식을 진지하게 받아들이는 것을 의미한다고 확신한다. 온전한 인간이 된다는 것은 제대로 안식할 줄 안다는 것이다. 그것은 단순히 모든 인류를 위한 하나님의 설계의 일부일 뿐이다. 그것이 없으면 우리는 지쳐서 비틀거리고 무너진다. 결국 여기서 우리는 하나님과 우리 자신, 그리고 하나님이 우리를 창조하신 이유를 발견한다.

【 실천 과제 】

● 주당 2시간씩 일이나 사역을 하지 않는 고독한 시간을 확보하여(점점 늘려서 4시간이 되도록 한다) 여러분의 영혼을 돌보는 일에 투자하라. 기도하는 것과 재미있게 놀기 중 무엇이 여러분에게 효과가 있는지 찾아보라.

● 작은 생물(동물, 곤충, 식물, 꽃, 나뭇잎, 풀잎 등)에 집중하여 3-5분 동안 관찰하라. 무엇이 보이는지 기록해 보라.

● 여러분의 영혼과 몸에 영양을 공급하기 위해 하루 또는 하룻밤 동안 피정의 시간을 가져 보라. 일이나 사역을 내려놓고 자고, 쉬고, 맛있는 음식을 먹고, 책을 읽고, 일기를 쓰고, 산책을 하고, 재밌는 영화를 보고, 물에 발을 담그고, 모래 위를 걷고, 미술관에 가는 것 등을 해 보라. 이를 통해 여러분은 어떻게 하는 것이 쉬는 것인지 찾아보라.

● 시편 46장 10절을 암송하라. 전체 구절을 소리 내어 읽으라. "가만히 있어 내가 하나님 됨을 알지어다." 그런 다음 몇 초간 멈춘다. 그런 다음 "가만히 있어 내가 있는 줄 알라"고 말하라. 잠깐 멈추고 "가만히 있어 알라"고 말하라. 또 다시 잠깐 멈추고 "가만히 있어"라고 말하라. 다시 잠깐 멈추고 "있다"라고 말하라. 마지막으로 다시 가만히 있다가 끝낸다.

2.
자신을 사랑하는 것

자기를 긍휼히 여기라

자기를 긍휼히 여기는 것을 실천하는 것은 자기 정죄를 거부한다는 의미다. 이것은 우리 삶에서 하나님의 끝없는 긍휼을 받아들이는 믿음의 연습이다. 만일 이 진리를 거부하고 받아들이지 않는다면, 실제로는 우리가 너무나 선하고 훌륭하기 때문에 실패와 상처를 인정할 수 없다고 말하는 것이다. 그것은 하나님이 말씀하신 것과는 정반대의 생각이다. 우리의 실패를 모두 인정하고 하나님의 자비하심을 받아들일 때, 우리도 자신에게 은혜와 긍휼을 베풀 수 있다. 우리가 정직하다면, 자신이 종종 자신에 대해 가장 큰 비판자가 되고 있음을 알게 된다. 우리는 스스로에게 극도로 가혹하고 심지어 폭력적일 수 있다. 자기를 긍휼히 여기는 것을 실천하는 것은 우리가 실패하지 않아서가 아니라, 바로 그렇기 때문에 우리를 건강하고 온전하게 지켜 준다. 그렇게 할 때 수치심과 죄책감은 우리를 파멸과 죽음에 이르도록 짓누르지 못한다.

파커 파머는 "온전함이 목표지만 온전함이 완벽함을 의미하지는 않는다. 그것은 부서짐을 삶의 필수적인 한 부분으로 받아들이는 것을 의미한다"라는 말을 통해 이를 잘 표현하였다. 인간이 되는 것과 완벽해지는 것은 적어도 이생에서는 함께 이루어지지 않는다. 우리는 부서짐의 여러 문을 지나서 온전해지도록 부름받았다. 자기를 긍휼히 여기는 것을 실천하는 것은 하나님의 끝없는 자비를 계속해서 분명히 긍정하는 것이다. 하나님이 우리에게 "사랑한다"고 말씀하실 때 우리는 "감사합니다. 저도 하나님을 사랑해요"라고 말한다. 더 나아가, 자기에 대한 긍휼을 실천함으로써 우리는 다른 사람들에게 긍휼을 베풀 수 있는 여유를 갖게 된다. 우리는 긍휼의 통로가 되고 하나님이 베푸시는 은혜를 위한 산제사가 된다.

【 실천 과제 】

● 죄책감과 수치심을 느낄 때, 자신에게 그런 자신을 받아들이고 긍휼히 여기는 편지를 쓰면서 하나님의 부드러운 사랑의 돌보심 속으로 들어가라. 편지는 길지 않아도 된다. 마치 하나님이 여러분에게 용서와 사랑의 편지를 쓰시는 것처럼 자신에게 편지를 쓰라.

● 실제로 자신에게 긍휼을 베풀 필요가 있는 그 순간에 "무슨 말을 해야 나 자신에게 긍휼을 베풀 수 있을까?"라고 자문해 보라. 자신에게서 듣고 싶은 말이 무엇인지 알았다면 스스로에게 큰 소리로 그것을 말해 주라.

● 우리 모두에게는 좋은 친구가 있다. 여러분의 좋은 친구가 상처를 입고 동정과 연민을 필요로 하는 상태로 여러분을 찾아왔다고 상상해 보라. 그리고 자신에게 물어보라. 이 친구를 어떻게 대해야 할까? 그 친구를 대하듯이 자신을 대할 때 어떤 변화가 일어나는지 기록해 보라.

자신의 호기심을 보듬어 주라

"혈기 왕성한 서러브레드종(동작이 경쾌하고 속력이 빨라 경마용으로 쓰이는 말의 품종) 말처럼 자신의 호기심을 보듬어 주라"는 다이앤 애커먼의 말을 기억하라. 호기심은 아직 발아되지 않아 햇빛을 보지 못한 영혼의 씨앗 같다. 인간이 된다는 것은 이것의 엄청난 잠재력과 효용을 인정하는 것을 의미한다. 호기심은 과학, 기술, 예술, 스포츠 등에서 역사적이며 독창적인 돌파구를 만들곤 했다. 호기심은 또한 많은 사람이 독창성을 추구할 수 있는 기회를 가져다주었다. 호기심을 통해 우리의 독창성을 발견하는 것은 처음에는 종종 우연하고도 섭리적으로 이루어지며, 지나간 다음에야 문득 깨닫게 된다. 독창성을 향한 길을 여는 첫걸음을 내딛는 데 있어서 그 일을 이러저러하게 처리했더라면 어떻게 되었을까 하고 생각해 보는 것과, 마음이 끌리는 것에 주의를 기울이는 것은 매우 중요하다. 물론 모든 호기심이 생산적인 결과를 가져오거나 도움이 되는 것은 아니다. 그래도 괜찮다. 적어도 이제 우리는 그것이 어떤 것인지 알고 있다. 또한 우리가 호기심을 따라

순례자가 순례자에게

갈 때 우리는 우리 마음에 주의를 기울이게 된다. 호기심을 따라 움직일 때 우리 마음은 어떻게 반응하고, 공명하며, 느끼는가?

특정 호기심을 따라 움직일 것이지 그만둘 것인지를 판단할 때 한 가지 생각해야 할 것은 그것이 다른 사람들에게 해를 끼칠 정도로 이기적인 것인지 자문해 보는 것이다. 그것이 최소한 도움이 되지는 못해도 해를 끼치지는 않을 것이라 생각된다면 진행해도 괜찮다고 생각한다. 여러분은 세상으로 달려 나갈 준비가 되어 있는 혈기 왕성한 서러브레드종 말처럼 호기심을 보듬고 나아갈 것이다. 적어도 호기심을 따라 나아갈 수 있을 정도로 그것을 진지하게 받아들이라. 그렇다고 호기심을 합리화하려고 하지 말라. 보듬는다는 것은 의도적으로 시간과 노력을 투자하는 것을 의미한다.

호기심의 씨앗이 더 많은 관심과 열정의 꽃으로 피어난다면, 여러분은 그 호기심을 따라갈 수밖에 없을 것이다.

【 실천 과제 】

● 앞으로 몇 개월 동안 갖고 싶은 몇 가지 잠재적인 호기심을 열거해 보라. 그것들을 철저히 추구하고 여러분의 마음이 어떻게 반응하는지 지켜 보라.

● 이전에 해 보지 않은 일을 해 보라. 이전에 가 본 적 없는 곳에 가 보라. 친절한 낯선 사람들과 무작위로 가벼운 대화를 나누어 보라. 다른 문화권의 사람들을 만나 보라. 호기심을 식별하는 것은 때때로 모험을 하는 것처럼 위험하고 자신의 연약함을 드러내는 것일 수도 있지만 그 과정은 위험을 무릅

쓸 만한 가치가 있다.

- 호기심을 발견하는 것은 보물찾기와 같다. 대체로 호기심은 일반적인 영역에서 시작하여 더 구체적인 영역으로 옮겨 간다. 그 과정에서 엉뚱한 길로 가게 되는 것을 두려워하지 말라. 또한 그런 상황은 우발적으로 일어날 수 있다. 내면의 직관에 귀를 기울이는 법을 배우라.

자신의 삶을 충만하게 만드는 것을 추구하라

여기서 중요한 것은 '자신'이다. 충만해지는 것은 다른 사람이 아니라 자신이다. 따라서 자신에게 잔인할 정도로 정직해야 한다. 또한 다른 사람들이 자신을 어떻게 생각할지에 대한 걱정이 충만하게 살아가려는 여러분의 시도를 방해하도록 내버려 두어서는 안 된다. 자신의 꿈을 추구하기에 앞서 다른 사람의 허락을 받을 필요는 없다.

열정을 따라 움직이는 데 위험이 따르지 않는 것은 아니다. 막다른 골목에 도달하고, 물질적 보상이 거의 또는 전혀 없으며, 과소평가되거나 오해받을 가능성도 있고, 의심받을 위험도 있다. 위험을 감수하는 과정은 겪을 만한 가치가 있는 여정이다. 그것은 그 여정이 자신에 대해 무언가 신성하면서도 인간적인 것을 가르쳐 주기 때문이다. 나는 여러분이 성경에서 가장 많이 반복되는 "두려워하지 말라"는 말씀을 되새기고 자신의 길을 가라고 격려하고 싶다.

여러분이 충만한 삶을 추구하는 것이 결국 다른 사람과, 궁극적

순례자가 순례자에게

으로 하나님에게 도움이 될 것을 믿고 그 과정을 신뢰해야 한다. 이것은 이러한 추구가 본질적으로 자기중심적이거나 자기애적이지 않으며, 시간이 지남에 따라 그 결과가 인류에게 선물이 된다는 의미다.

【 실천 과제 】

- 특히 방심하고 있던 순간과 예상치 못한 장소에서 자신의 심장을 고동치게 하고 생기 있게 만드는 것에 주의를 기울이고, 기록하라. 여러분의 맥박을 더 빠르게, 그리고 생생하게 뛰게 하는 새로운 일 혹은 방식이 있는지 확인하라.

- 스스로에게 물어보라. 여러분으로 하여금 열정을 갖게 하는 것은 무엇인가? 목록을 만들고 식별할 수 있는 방식이 있는지 확인하라. 피드백을 줄 수 있는 친구와 이야기하라. 또한 친구와 함께하는 동안 가장 활력이 넘치는 때가 언제인지 확인하라.

- 스스로에게 물어보라. 너무나 아름다워서 눈물 흘릴 만큼 감동을 주는 것은 무엇인가? 아름다움의 감동으로 눈물 흘리게 되는 것 중에는 자연의 경이로움을 느끼는 것, 인간의 친절과 희생적인 용기가 발휘되는 장면을 목격하는 것, 너무나 아름다운 음악이나 스포츠 공연, 예술 작품을 감상하는 것 등이 포함된다. 그런 다음 스스로에게 물어보라. 무엇이 나로 하여금 눈물 흘리게 했는가? 이에 관해서는 프레드릭 비크너의 현명한 조언이 적절할 것이다.

당신 눈에 눈물이, 특히 뜻밖의 눈물이 흐를 때마다 세심한 주의를 기울여 보십시오. 그 눈물은 당신에게 당신이 누구인지에 대한 비밀을 말해 주는 것일 뿐 아니라 많은 경우에 하나님이 그 눈물을 통해 당신이 어디서 왔으며, 당신 영혼이 구원을 얻는다면, 이번에는 당신을 어디로 부르고 계신지와 같은 신비스러운 일을 알려 주고 계신 것입니다.

- 스스로에게 물어보라. 무엇이 나에게 환희의 불꽃을 안겨 주는가? 환희의 불꽃은 신나는 것, 만족스러운 것, 집과 같은 편안함을 경험하는 것이다. 기쁨은 누군가가 자신과 함께 있는 것만으로 즐겁다는 것을 알 때 느끼는 감정이다. 기쁨은 영혼의 깊은 차원에서 하나님과 타인, 자신, 그리고 자연과 연결될 때 경험하게 된다.

3.
이웃을 사랑하는 것

자신이 어떤 안경을 쓰고 있는지를 아는 것

우리는 문화적이고 주관적인 존재로서 현실을 있는 그대로가 아니라 나름의 고유한 필터링 시스템으로 인식한다. 아무도 현실을 있는 그대로 보지 않는다. 우리 모두는 삶에서 일어나는 일을 해석하는 자신만의 판단 기준을 가지고 있으며 그 해석을 기반으로 결정을 내린다. 예수님은 이러한 경향을 가볍게 보지 않으시고 마태복음 7장 1-12절에서 몇 가지 엄중한 경고를 하신다. 예수님은 비유법을 사용하여 이웃의 눈의 '티'와 우리 눈의 '들보'에 대해 말씀하신다. 그러고 나서 예수님은 전혀 관련 없어 보이는 것을 끼워 놓으셨다.

거룩한 것을 개에게 주지 말며 너희 진주를 돼지 앞에 던지지 말라 그들이 그것을 발로 밟고 돌이켜 너희를 찢어 상하게 할까 염려하라(마 7:6).

여기서 중요한 것은 개와 돼지가 얼마나 보잘것없는가가 아니라 개와 돼지에게는 거룩한 것과 진주가 도움이 되지 못한다는 것이다. 최선의 의도를 가지고 개에게 우리가 거룩하다고 여기는 것을 주고 돼지 앞에 귀중한 도움(보석)을 주는 것은 다른 사람이 우리에게 무엇을 원하고 있는지를 우리가 스스로 판단해서 행동한다는 것이다. 그 다음 구절(7-11절)에서 그렇게 판단하고 결정하지 말고 "구하고 찾고 두드리라"고 하신다. 어떤 일에 대해 판단하고 스스로 결정을 내리는 대신 단순히 묻고, 찾고, 두드리라는 것이다. 묻고, 찾고, 두드리는 행위는 판단하지 않는 행위다. 우리는 마음을 열고 깊이 경청해야 한다.

【 실천 과제 】

● 매일 "하나님, 죄인인 저를 불쌍히 여기소서"라고 숨 쉬듯이 기도하라.

● 사각지대, 전제, 편견, 우선순위, 특히 이런 것들이 어떻게 일상생활과 의사 결정을 지배하려 드는지 살펴보라.

● 하고 싶은 말을 하기 전에 한 번 더 생각하고, 자신의 말이 다른 사람에게 어떤 영향을 끼칠지 생각해 보라. 이것은 곧 "다른 사람들이 자신에게 행하거나 말해 주기 원하는 것을 자신도 다른 사람들에게 행하거나 말하라"는 의미다. 우리 입에서 나온 말은 이미 엎질러진 물이다.

● '열린 질문' 하는 법을 배우라. 진지하게 질문하고 따뜻하고 사려 깊게 경청하라.

환대하는 것을 배우라

환대하는 것을 배우기 위해 누군가가 여러분을 위해 만든 장소 또는 공간에 초대하는 것을 상상해 보라. 그곳에는 소박하고 알맞게 준비된 음식이 있고, 편안하고 느긋한 마음으로 부담 없이 머무는 자신을 발견하게 된다. 반면 호화롭게 꾸며져 있고 풍족한 양식이 있지만 마음이 무거워지는 곳도 있다. 차이는 하나는 소박하고, 다른 하나는 사치스럽다는 것이 아니다. 바로 주인의 마음이다. 물론 호화롭게 꾸며져 있지만 주인의 마음이 소박하고 따뜻하고 개방적인 경우도 있다. 반대의 경우, 즉 소박하게 보이지만 주인에게 폐쇄성과 거리감이 느껴지는 경우도 있다.

환대는 무엇보다 마음의 문제이다. 우리가 어떤 자세를 갖고 있는지, 손님에게 개방적이고 반가워하는 마음이 있는지, 손님을 편안하고 자유롭게 해주기 위해 어떻게 준비했는지가 중요하다. 환대가 실제로 나타나는 것, 즉 필요한 것을 제공하고 잘 돌보는 것은 그다음 문제이다. 사실은 우리가 어디에 있든 환대를 베풀 수 있다는 것을 아는 것이 중요하다. 우리의 너그러운 마음을 바탕으로 우리 삶의 방식이 정해질 수 있다. 그렇다면 사실 우리 마음이 우리의 '집'이다. 우리 마음의 집은 우리가 만나는 모든 사람을 환대하는 진정한 '집'이 된다.

【 실천 과제 】

● 누군가를 집에 초대하라. 예수님의 황금률은 "무엇이든지 남에게 대접을 받고자 하는 대로 너희도 남을 대접하라"(마 7:12)이다. 환대를 베풀 때 이 규칙을 실제로 적용하라. 자신이 손님이 되었다면 어떤 대접과 돌봄을 받고 싶은가? 환대는 다른 사람들에게 자기 자신이 누구인지 발견할 수 있는 자유와 공간을 제공하는 예술이 된다.

● 감사하는 마음으로 다른 사람의 선물과 돌봄을 받도록 하자. 주는 것이 받는 것보다 복된 것은 사실이지만 경우에 따라서는 감사함으로 받을 때에 주는 사람의 존엄을 지켜 주게 된다. 우리가 받을 때, 주시는 분에게 겸손하게 자신을 낮추게 된다.

● 주변의 '까다로운' 사람들에게 베푸는 것을 통해 그들이 생각하는 것과 달리 신뢰받고 있다는 느낌을 갖도록 마음을 넓히라. 정죄하려는 유혹을 받을 때 그들을 위해 서둘러 축복 기도를 하라.

안전한 공간이 되어 주기

우리는 안전한 공간에서 변화를 경험한다. 우리는 궁극적으로 우리를 보호하시며 사랑이 많으신 하나님에 의해 변화된다. 우리가 다른 사람에게 줄 수 있는 최고의 선물은 그들을 위해 안전한 공간을 만들고, 그것을 지키고 보호하는 것이다. 이를 위해 필요한 공식적 또는 격식에 맞는 환경은 없다. 우리는 언제 어디서나 그들을 위해 신뢰할 만하고 안전한 사람이 될 수 있다.

적대감이 문제의 핵심이다. 우리는 다른 사람들과 끊임없이 경쟁하고 있다고 인식하기 때문이다. 그것은 우리의 자아를 탈진시키고, 우리의 영혼을 막다른 골목으로 몰아가는 끝없는 경주다. 우리의 영혼이 방어적이 되고 신뢰하지 못하는 것은 그 때문이다.

안전한 공간을 구축하려면 시간이 걸리고 여러 번 실패를 겪어야 할 수도 있다. 그 실패에서 얻은 교훈이 안전한 공간을 만들고 깨진 신뢰를 회복하는 데 귀중한 디딤돌이 된다.

【 실천 과제 】

● 주의 깊게 들으라. 말뿐 아니라 표정, 몸짓, 분위기에 주목하여 말로 표현되지 않는 감정을 읽으라. 해결책을 제시하거나 조언을 하고 이것저것을 고치라는 말은 하지 않는 게 좋다. 들으면서 무엇을 말해야 할지 생각하지 말라. 단순히 "나누어 주셔서 감사합니다" 또는 "축복합니다"라고 말하는 법을 배워 보라. 기도할 때도 기도로 해결책을 제시하거나 조언하지 않는 것이 좋다.

● 상대방이 여러분에게 털어 놓은 것에 대해 비밀을 지키라. 기본적으로 기밀 유지의 필요를 전제하고 들으라. 여러분이 입을 다물고 있으면 시간이 지남에 따라 신뢰와 안전이 구축된다.

● 다음과 같은 것은 반복해서 연습할 가치가 있다. 다정하게 열린 질문하기, 시간이 지남에 따라 스스로 답을 찾을 것이라는 전제를 갖고 대하기(질문할 때 여러분은 그들에게 스스로 답을 찾을 수 있는 공간과 권한을 제공하는 것이다). 스스로 발견한 답은 다른 곳에서 얻은 답보다 가치 있고 변화를 불러올 것이다.

4.
교감으로의 부르심

자연 속으로 들어가자

종종 인공 구조물과 환경에서 멀리 떨어진 자연에 몸을 맡기고 자연에 대한 느낌을 흡수하고 놀라움을 경험하자. 시각으로 느끼는 것에 대해 랄프 왈도 에머슨은 "하늘은 눈의 일용할 양식"이라고 말했다. 바람의 소리를 듣는 법을 배워 보자. 익숙하면서도 낯선 자연의 냄새를 맡는 법을 배워 보자.

인간과 자연은 인간과 피조물을 창조하시고 돌보시는 하나님을 공유하기 때문에 고유한 실존적 결합이 존재한다. 우리가 충분히 속도를 늦추고 규칙적으로 의지를 갖고 자연에 몸을 맡긴다면, 우리는 자연과의 일치를 발견하고, 자연과의 교감을 즐기기 시작하며, 그것으로 인해 하나님과의 교제가 더 깊어지게 될 것이다.

자연이 우리에게 선물하는 것은 끊임없이 변하는 신성한 상징과 이미지의 풍성함이다. 상징과 이미지는 우리 영혼이 잘 이해할 수 있

순례자가 순례자에게

는 표현이지만, 논리적이고 합리적인 이성은 우리 영혼을 메마르게 만드는 경향이 있다. 하나님과 함께 창조에 참여하는 우리는 우리 영혼이 자연 속에서 우리의 삶과 관련성 또는 유사성이 있는 것들을 발견하여 그 안에서 안식처를 얻게 한다. 이러한 것들은 말로 설명할 수 없는 경우가 많지만, 설명할 수 없다고 해서 그것이 사실이 아니거나 진짜가 아니라는 것은 아니다. 경외감, 놀라움, 어리둥절함, 야생성은 모두 무언가 우리 속에 있는 깊은 것과 교감하고, 우리 영혼에 공명을 일으키는 자연의 언어이다.

【 실천 과제 】

- 평상시에 별로 붐비지 않는 등산 코스 또는 자연에 둘러싸인 주변의 산책로를 찾아보라 .
- 시간이 지남에 따라 크고 작은 자연의 변화를 관찰할 수 있는 자리를 찾아보라.
- 하루에 몇 차례 하늘을 응시하고 눈에 하늘을 담아 보라.

영적 삶을 일상적으로, 일상적인 삶을 영적으로!

"살아 있는 것은 다 거룩하다"라는 윌리엄 블레이크의 말을 기억하라. 여러분의 영적 삶을 여러분의 일상적인 삶과 통합하는 것은 하나님과 여러분 자신, 그리고 타인과 교감을 갖게 하는 중요한 기초 작업이다. 교감은 온전함을 의미한다. 성화 과정은 분리되고 구획화된 자아에서 온전한 자아로의 변화를 포함한다. 우리의 '분리된' 삶의 조각을 함께 맞추고, 연결시키고, 하나의 온전한 삶으로 통합하기 위해 배우고 성장하는 것이 이것에 달려 있다. 영적 삶과 자연적 삶을 통합하는 것보다 큰 도전은 없다.

교회 예배당만이 성소가 아니다. 여러분이 예배당 안에서 갖는 경외심으로 여러분이 가는 곳 어디에서든지, 그리고 여러분 주변의 자연과, 여러분과 상호 작용하는 모든 사람을 대하라.

【 실천 과제 】

- 하루 30분 걷기로 건강을 지키라. 빨리 걷기가 좋다.

- 오감을 통해 영적인 음성을 들으라. 보고, 듣고, 냄새를 맡고, 만지고, 맛보는 것에 주의를 기울이라. 그 속에서 여러분에게 들려오는 미세한 작은 목소리에 귀를 기울이라. 이러한 음성은 매우 희미하여 처음에는 인식하지 못할 수도 있다. 확실하지 않은 경우 음성을 시험해 보고 분명한 판단을 하라. 시험을 통해 우리는 더 큰 분별력을 갖게 된다.

- 일상생활을 통해 영적인 음성을 분별해 보자. 놀라게 하는 것, 방해가 되는 것, 이러한 평범한 일상적 활동에 주의를 기울이라. 우연히 일어난 일 안에 영적인 것들이 숨겨져 있을 수 있다. 하루가 끝나 갈 때, 그날 발견한 영적인 깨우침을 돌아보라.

순례자가 순례자에게

비이원론적 사고와 삶의 방식 수용

비이원론적 방식으로 살아가는 것은 우리에게 주입된 사고방식을 버려야 하는 것이기 때문에 아마도 현대인에게 가장 도전적인 삶의 방식일 것이다. 삶에 대한 '양편 모두'의 이 접근 방식은 선과 악, 거룩한 것과 속된 것, 생명과 죽음을 모두 수용하는 것이다.

실제적인 조언을 하자면, 판단이나 평가 없이 긍정적인 감정과 부정적인 감정을 함께 받아들이는 법을 배우라는 것이다. 또한 자신과 다른 사람이 모두 옳을 수 있으므로 다른 사람들에게 긍휼을 베풀고 신뢰받고 있다는 느낌을 갖게 하여 좋은 결과를 얻도록 해보자. 모순, 긴장, 불확실성 속에서 하나님과 자신, 그리고 다른 사람들을 만나는 법을 배우라.

【 실천 과제 】

- 시를 읽어 보라. 말은 본질적으로 이원론적이지만 시는 판단하지 않고 모순을 하나로 묶는 힘이 있다. 자신을 시인으로, 시인의 말을 듣는 사람으로, 혹은 그저 관찰자로 초대해 보라. 자신만의 주관적인 렌즈로 시를 해석해 보라.

- 미술관에 가 보라. 거기서 자신의 영혼에 울림을 주는 그림(또는 조각상) 한두 개를 찾아보라. 그림에 끌리는 이유를 스스로에게 물어보라.

- 친구의 이야기를 듣거나 관심이 생기는 일을 목격할 때 성급하게 판단하지 말라. 고쳐 주려 하거나, 맞서거나, 조언할 필요 없이 그대로 받아들이라.

감사의 말

무엇보다 이 책이 출판되기까지 나를 끊임없이 격려해 주고 책의 내용에 대해 소중한 피드백을 해준 나의 아내 그레이스에게 깊이 감사한다. 아내는 또한 영문판의 메인 편집자로서 귀한 시간을 내주었고 정확한 편집 노하우로 지칠 줄 모르고 도와주었다. 또한 본래 이 책의 글들이 실렸던 블로그의 아름다운 레이아웃을 만들어 주고 시의 적절하게 콘텐츠를 편집해 준 브리태니 데이비드에게도 감사한다.

나의 글을 친절하게, 인내심을 갖고, 능숙하게 한국어로 번역해 주신 김동화 선배에게 특별히 감사드린다. 김 선배가 도와주지 않았다면 이 책의 출판이 쉽지 않았을 것이다. 2년 넘게 화상 통화로 태평양을 수없이 건너면서 그와 나의 관계는 작가와 번역자 이상의 관계가 되었다. 나는 그를 한 인간으로, 지도자로, 지혜로운 분으로 존경하고 감사하게 되었다. 무엇보다도 영적 여정에서 서로 의지하며 살아가는 동료가 된 것을 감사하게 생각한다.

순례자가 순례자에게

그리고 이 책이 출판되도록 내 마음에 씨앗을 심어 주어 결국 뿌리내리고 빛을 볼 수 있도록 도와준 한철호 선배에게도 감사드린다. 한 선배는 이 책을 기획하고 편집, 출판하는 과정에서 기꺼이 지혜로운 의견과 조언을 해주었다.

이 책의 출판은 손창남 선교사님과 부인 안은숙 사모님의 열렬한 지지와 격려가 없었다면 불가능했을 것이다. 두 분은 이 책이 영적인 갈급함을 느끼며 분별력을 갖게 되기를 원하는 분들에게 도움이 될 것이라고 격려해 주었다.

또한 수십 년 동안 우정을 나눈 김종호 형제에게도 감사한다. 우리는 서로의 삶을 '펼쳐진 책'처럼 공유해 왔다. 그는 또한 도움이 될 만한 분들과 연결되도록 다리를 놓아 주었고 마치 자신의 책처럼 내용과 출판 과정 모두에 대해 적절한 조언을 아끼지 않았다.

아내와 내가 함께할 수 있는 특권을 누리게 된 멋진 공동체, 한국의 FAN(Fully Alive Network)에 감사를 전한다. 또한 시간을 내어 이 책의 초고를 읽고 사려 깊고 귀중한 피드백을 주신 분들에게 감사의 말씀을 드린다.

댓글을 남겨 주고, 이메일과 문자를 통해 격려의 메시지를 보내 준 신실한 블로그 독자들에게 감사드리고, 그분들이 내가 묵상한 것과 상호 작용하면서 자신이 반추하며 묵상한 내용을 보내 준 것에도 감사드린다.

지난 몇 년 동안 나를 초청하여 강의하고, 글을 써서 발표할 수 있도록 해준 한국의 다양한 그룹과 조직에 많은 빚을 졌다. 모두에게 감사드린다. 방콕선교포럼, 아시아프론티어선교협회, 한국세계선교 협의회(KWMA), 미션파트너스, 미션코리아, 한국 IVF, 죠이선교회 등 여러 모임에서 지난 수년간 많은 강의와 저술의 기회를 갖게 된 것이 이 책을 출판하려는 꿈을 꾸게 하였고 큰 격려가 되었다.

Invitation to live as free as the sky

1865년 허드슨 테일러가 창설한 중국내지선교회(China Inland Mission, CIM)는 1951년 중국 공산화로 인해 중국에서 철수하면서 동아시아로 선교지를 확장하고 1964년 명칭을 OMF International로 바꿨다. OMF는 초교파 국제선교단체로 불교, 이슬람, 애니미즘, 샤머니즘 등이 가득한 동아시아에서 각 지역교회, 복음적인 기독 단체와 연합하여 모든 문화와 종족을 대상으로 예수 그리스도가 구세주이심을 선포하고 있다. 세계 30개국에서 파송된 1,400여 명의 OMF 선교사들이 동아시아 18개국의 신속한 복음화를 위해 사역 중이다.

VISION

우리는 하나님의 은혜로 동아시아의 각 종족 안에 자기 종족을 전도하며 타종족을 선교하는 토착화된 성경적 교회 개척 운동이 일어나는 것을 소망한다.

MISSION

우리는 그리스도의 온전한 복음을 동아시아인들과 함께 나눔으로 하나님을 영화롭게 한다.

OMF 사역 중점

- 우리는 미전도 종족을 찾아간다.

- 우리는 소외된 사람들에게 관심을 갖는다.

- 우리는 복음을 전하는 일에 주력한다.

- 우리는 현지 지역교회와 더불어 일한다.

- 우리는 국제적인 팀을 이루어 사역한다.

OMF International-Korea

한국본부 (06554) 서울시 서초구 방배중앙로 29길 21 호언빌딩 2층

전 화 02-455-0261, 0271   **팩 스** 02-455-0278

홈페이지 www.omf.or.kr   **이메일** omfkr@omf.net

순례자가 순례자에게

참된 자유를 누리는 영성으로의 초대

초판 발행   2023년 4월 30일
지은이   청 킴
옮긴이   김동화
발행인   손창남
발행처   (주)죠이북스(등록 2022. 12. 27. 제2022-000070호)
주소   02576 서울시 동대문구 왕산로19바길 33, 1층
전화   (02) 925-0451 (대표 전화)
             (02) 929-3655 (영업팀)
팩스   (02) 923-3016
인쇄소   송현문화
판권소유   ⓒ(주)죠이북스
ISBN   979-11-982545-9-7 03230